U0942804

北京奥运交通丛书之四

北京奥运交通建设

Beijing Olympic Transport *Construction*

刘小明　周正宇　姜　帆　孙中阁　编著

北京市交通委员会
北京交通发展研究中心　组织编著

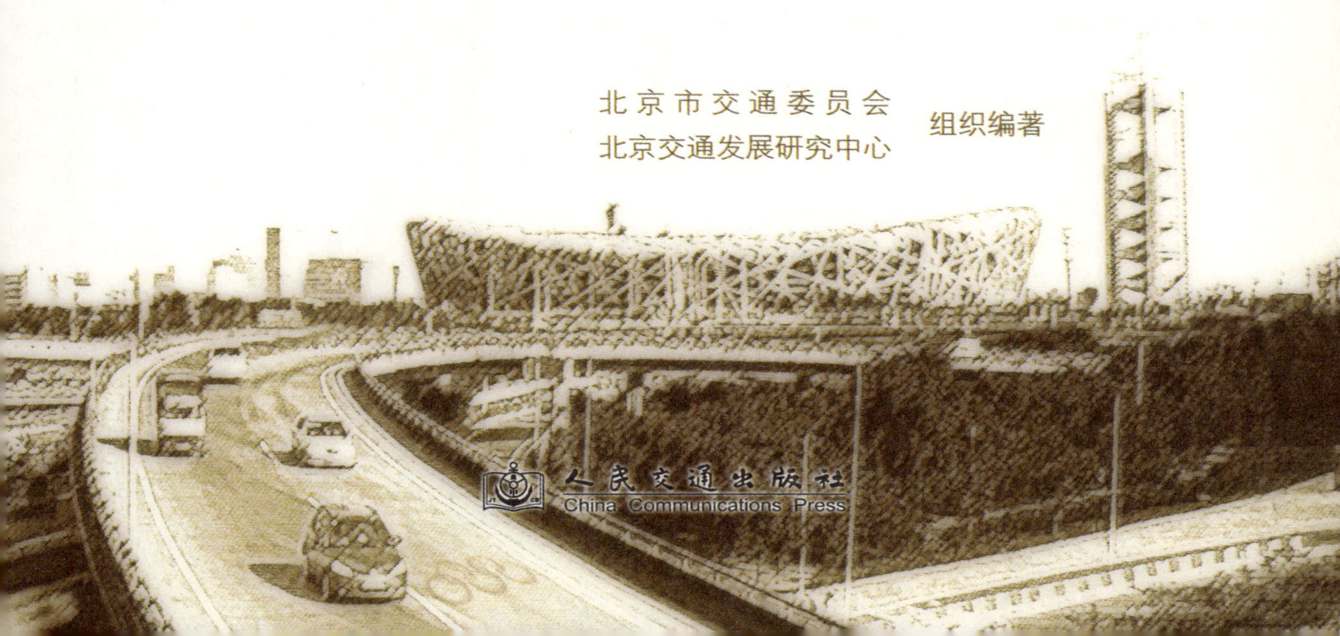

人民交通出版社
China Communications Press

内容提要

本书是北京奥运交通丛书之四，主要从道路网络、轨道交通、交通枢纽、奥运临时交通设施和交通设施养护等方面，系统地介绍了北京奥运筹办过程中所进行的交通基础设施建设情况，包括概述、道路网络建设、轨道交通建设、交通枢纽建设、奥运临时交通设施建设及交通设施养护。

本书可作为政府部门、大型活动组织人员决策和工作参考用书，也可作为交通工作者、科技工作者、教育工作者研究和教学的参考资料。

图书在版编目（CIP）数据

北京奥运交通建设 / 刘小明等编著. -- 北京 : 人民交通出版社, 2010.7
（北京奥运交通丛书 ; 4）
ISBN 978-7-114-08522-2

Ⅰ. ①北… Ⅱ. ①刘… Ⅲ. ①奥运会一交通工程一研究一北京市 Ⅳ. ①G811.21②U491

中国版本图书馆CIP数据核字(2010)第119722号

书　　名：北京奥运交通丛书之四
北京奥运交通建设
著 作 者：刘小明　周正宇　姜　帆　孙中阁
责任编辑：戴慧莉
出版发行：人民交通出版社
地　　址：（100011）北京市朝阳区安定门外外馆斜街3号
网　　址：http://www.ccpress.com.cn
销售电话：（010）59757969，59757973
总 经 销：人民交通出版社发行部
经　　销：各地新华书店
印　　刷：北京市盛通印刷股份有限公司
开　　本：787×980　1/16
印　　张：9
字　　数：160千
版　　次：2010年7月　第1版
印　　次：2010年7月　第1次印刷
书　　号：ISBN 978-7-114-08522-2
定　　价：58.00元
（如有印刷、装订质量问题的图书由本社负责调换）

北京奥运交通丛书
编著委员会

前　言
Preface

2008，百年奥运，中华圆梦。

在党中央国务院的坚强领导下，在北京市委市政府和北京奥组委的统一指挥下，在国际奥委会国际残奥委会和相关国际组织的积极帮助下，在全国各族人民的大力支持下，北京奥运会残奥会圆满成功。北京奥运会残奥会实现了有特色、高水平和两个奥运同样精彩的目标，达到了让国际社会满意、让各国运动员满意、让人民群众满意的要求，全面兑现了向国际社会作出的郑重承诺。北京奥运会残奥会的成功举办，为我们留下了丰富的物质财富和精神财富，同时也积累了宝贵的经验。奥运会后，北京市委市政府站在新的起点上，认真贯彻落实科学发展观，坚持“绿色奥运、科技奥运、人文奥运”理念，大力推进人文北京、科技北京、绿色北京建设，努力把首都建设成为繁荣、文明、和谐、宜居的首善之区。

北京奥运会残奥会的交通问题一直是国际社会关注的热点之一。从 2001 年申奥成功至 2008 年奥运会残奥会举办，这 7 年间，为实现申办奥运交通承诺，首都交通人深入学习实践科学发展观，全面践行“绿色奥运、科技奥运、人文奥运”理念，了解奥运交通需求、编制奥运交通规划、加快奥运交通建设、制订奥运交通政策、实施交通科技创新、评估奥运交通风险、落实奥运交通方案等，实现了北京奥运会残奥会期间交通安全顺畅，公共交通和城市货运保障有力，赛事交通与社会交通和谐运转，受到了国际社会、各国运动员和广大北京市民的高度称赞。

“新北京、新奥运”战略为北京交通的跨越式发展提供了难得的机遇：创新了科学高效的交通管理体制和运行机制；建成了一大批交通基础设施；大力优先发展公共交通，使人民群众普遍得到实惠、出行更加便捷；智能交通等一批科研成果得到了推广应用，城市交通管理服务水平进一步提高；实施了交通需求管理政策，积累了城市交通管理的成功经验；开展了交通安全隐患排查治理和交通应急演练，全面实现了“平安奥运”交通目标；成功实施了奥运交通运行各项方案，为举办大型活动做好交通保障积累了宝贵经验；锻炼培养了一批懂技术、能管理、会服务、高素质的交通服务团队和人员；首都交通行业服务意识和服务水平大幅提高，交通志愿者热情服务成为了首都窗口服务行业的靓丽风景；“公交优先、绿色出行”的理念更加深入人心；交通规划、建设、运营、管理、服务水平明显提升，为北京奥运会残奥会提供了强有力的交通保障。

北京奥运会残奥会交通保障任务的圆满完成，为我们留下了丰富的物质财富和精神财富，同时也积累了宝贵的交通发展经验。站在新的发展起点上，北京市委市政府提出了今后一段时期建设以“人文交通、科技交通、绿色交通”为特征的新北京交通体系的目标，制订印发了《北京市建设人文交通科技交通绿色交通行动计划》，为建设“人文北京、科技北京、绿色北京”，努力把北京建设成为繁荣、文明、和谐、宜居的首善之区提供强有力的交通支持。

为进一步坚持以科学发展观为指导，借鉴奥运交通保障的成功经验推动首都交通发展，为大型活动交通保障提供借鉴，并为教学、科研人员提供研究参考，北京市交通委员会、北京交通发展研究中心组织有关人员编著了《北京奥运交通丛书》。这是集体智慧的结晶，也是将实践经验、科研成果与理论相结合的有益探索。

《北京奥运交通丛书》共分8册，从奥运交通需求、规划、建设、运行、政策、科技、安全应急等方面对北京奥运交通进行了较为全面的描述。《北京奥运交通总论》介绍了奥运交通工作的主要内容及做法经验；《北京奥运交通需求》介绍了北京奥运交通服务标准、需求特征、需求分析和北京奥运需求情况等内容；《北京奥运交通规划》介绍了北京奥运申办以来交通规划系统的构成及主要规划内容；《北京奥运交通建设》介绍了北京奥运筹办期间城市交通基础设施及奥运期间临时交通设施的建设情况；《北京奥运交通政策》介绍了北京奥运期间采取的交通需求管理政策制订过程及方法，实施效果及其评价；《北京奥运交通运行》介绍了北京奥运赛时期间交通运行和交通保障过程；《北京奥运交通科技》介绍了北京奥运筹办举办过程中智能交通技术和新技术、新材料、新工艺在交通中的应用；《北京奥运交通应急管理》介绍了北京奥运期间交通安全风险评估、交通应急管理等内容。

《北京奥运交通丛书》的编写力求采取理论和实际相结合的手法，既反映北京奥运申办、筹办、举办过程中的交通筹备、运行组织过程，也论述了大城市交通发展和大型活动的交通规划、建设、组织、管理等相关理论问题，提出了一些新理念、新观点、新方法，并进行实证分析，希望能让广大读者从中获益和启迪。

由于时间仓促，加上编写水平有限，不妥之处敬请广大读者批评指正。

《北京奥运交通丛书》编著委员会

2010年2月

目　录

Contents

1 概　述

交通基础设施作为城市的“血脉”，是城市交通运行的基础和前提。在城市发展和奥运交通筹备的各项工作中，交通基础设施建设的地位举足轻重。以2001年申奥成功为契机，北京的交通基础设施建设步入了一个快速发展的时期，2008年奥运会前，一大批轨道交通、高速公路、城市快速路、主干路和交通枢纽等骨干交通设施工程陆续建成并投入使用，为举办一届“有特色、高水平”的奥运会、残奥会，实现赛事交通和社会交通的和谐运转奠定了坚实的基础。

1.1 交通基础设施建设策略

1.1.1 明确交通基础设施发展思路

早在北京申奥阶段，北京市就研究制订了多项交通发展规划，包括大规模修建轨道交通、城市道路、公路和枢纽场站以及改善配套交通设施等。在奥运筹备阶段，北京市提出了“满足奥运赛时短期需求，着眼城市交通未来可持续发展”的交通设施发展思路:一是统筹城市骨干交通基础设施和奥运临时交通设施建设，立足满足城市长远发展需求，加快轨道交通、城市道路、场站枢纽等基础设施建设，对奥运会临时需求、特殊需求，在有效利用已有设施前提下，采取建设临时设施的方法；二是坚持交通设施系统规模扩展和结构改善并重的原则，在加强交通基础设施建设提升设施总体承载能力和服务水平的同时，把结构改善放在重要位置，统筹道路级配结构，分类推进、匹配实施；三是处理好不同层次设施网络、不同类别运输方式的衔接关系，实现设施运行和运输服务的一体化。推进换乘衔接系统建设，实现道路与公共交通、停车与枢纽、对外交通的航空和铁路与市内交通的“零换乘”。

1.1.2 优化交通基础设施投资结构

在交通基础设施投资方面，北京市逐步优化、调整投资结构，把更多的资金优先用于发展公共交通，尤其是大容量轨道交通。奥运筹办的7年间，全市交通基础设施投资大幅度增加：“九五”期间（1996～2000年），全市交通基础设施建设投资年均110亿元人民币，占全市国内生产总值（GDP）的4.81%；“十五”期间（2001～2005年），全市交通基础设施建设投资年均210.4亿元人民币，是“九五”期间的1.91倍，占全市GDP的4.04%；“十一五”的前三年（2006～2008年），全市交通基础设施建设投资年均407.7亿元人民币，是“九五”期间的3.71倍，占全市GDP的7.36%。奥运筹办期间（2001～2008年），全市交通基础设施建设投资总额超过2000亿元人民币，年均增速达到17.6%（图1–1）。

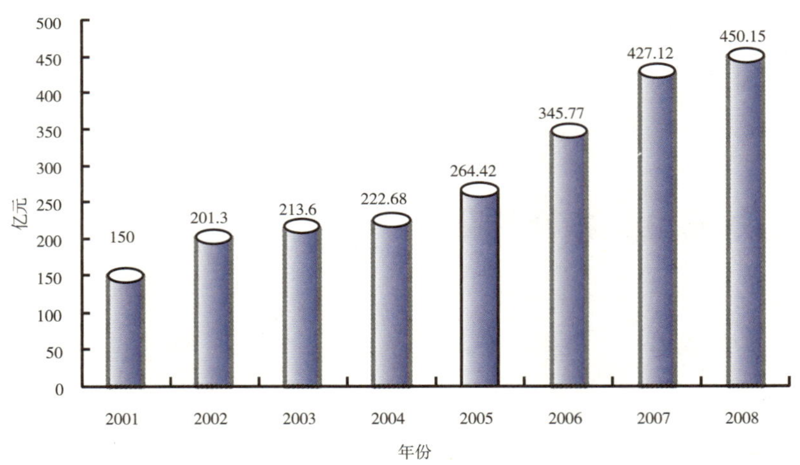

图1–1 2001～2008年全市交通基础设施建设投资总额情况

在多方筹措资金保障下，轨道交通、城市道路、公路和高速公路等各项交通基础设施建设实现了跨越式发展，交通供给能力不断增强。随着“优先发展公共交通”战略的实施，交通投资进一步向公共交通倾斜，2008年用于公共交通设施建设的投资，在全市交通基础设施投资中的比例已上升至48.4%。特别是在轨道交通建设方面，7年间总投资超过600亿元人民币。2003～2008年北京市市级交通固定资产投资结构如图1–2所示。

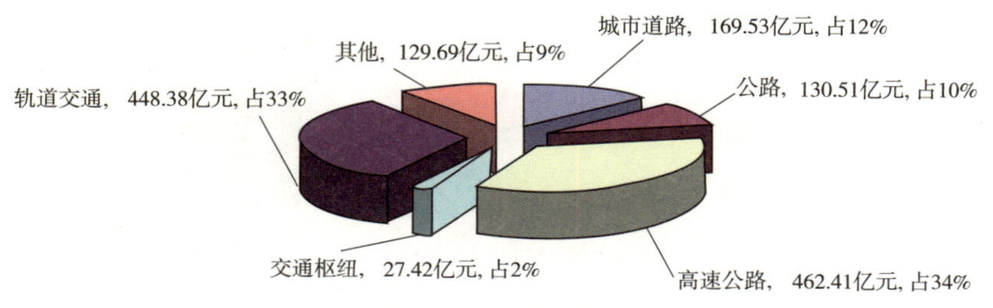

图1-2　2003～2008年北京市市级交通固定资产投资结构

1.1.3　创新交通设施建设体制机制

为加快交通基础设施建设，在北京市轨道交通建设指挥部和北京市2008工程建设指挥部统筹下，北京市交通主管部门分别成立了奥运交通基础设施建设项目前期工作领导小组和轨道建设、重点工程、奥运工程等3个项目协调推进小组，主动协调有关部门研究解决审批、核准环节互为前置条件等难点问题，简化程序，减少审批环节，加快推进奥运交通工程项目前期工作。与此同时，统筹安排，紧密跟踪，加大在建工程协调力度，积极推进重点工程建设进度，加快了轨道交通、高速公路、城市道路、一般公路和交通枢纽等重点交通设施建设步伐，确保了奥运交通基础设施建设任务顺利完成。

1.2　交通设施建设成果综述

轨道交通建设成绩斐然。轨道交通建设作为申奥承诺的重要内容之一，也是奥运交通基础设施建设的重中之重。为切实推进此项工作，北京市成立了轨道交通建设工程指挥部（指挥部办公室设在北京市交通委员会），全力推进轨道交通建设，自此，北京轨道交通建设迈上了新的征程。从2001～2008年的7年时间里，北京市在发展轨道交通方面投资力度逐年增加，总投资超过600亿元，先后建成通车了地铁13号线、八通线、5号线、10号线一期、奥运支线（8号线一期）和首都机场快轨。北京市轨道交通运营线路由2001年的2条、54km，增加到2008年的8条、200km。北京轨道交通网络架构初步形成，缓解了北京城区地面道路交通压力，为奥运会提供了快捷、方便的公共交通服务（图1-3）。据统计，奥运会期间，地铁10号线一期、奥运支线（8号线一期）日运送观众人数超过观众总数的40%，特别是在奥运会开幕式散场时疏散客流达到6.27万人，占开幕式客流总疏散量的85%。

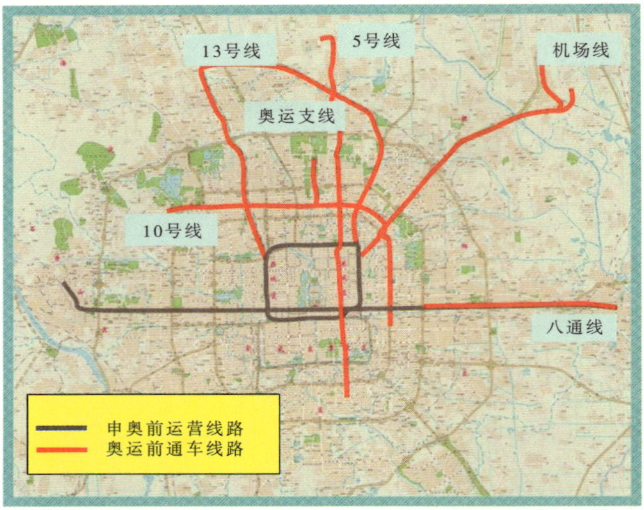

图1-3 轨道交通网络图

高速公路建设硕果累累。为促进首都经济又好又快发展，满足奥运会交通需求，申奥成功以后，北京市进一步加快了高速公路的建设步伐，相继建成了机场北线、京承高速（一期、二期）、机场第二高速、机场南线、京平高速、京津高速等一批高速公路，特别是围绕首都机场改扩建，配套新建了机场北线、机场南线、机场第二通道等高速公路，极大地提高了机场至城市中心区和各场馆的运输、疏散和承载能力，为奥运会残奥会大家庭成员、国内外观众和游客的抵离交通运行提供了坚实的基础。同时完成了京石高速、机场高速、八达岭高速等高速公路和京通快速路路面大修工程、北五环路绿化改造工程。到奥运会前，全市高速公路总里程已达804km，比2001年增加289km。实现了“区区通高速”，从郊区县政府所在地（重点新城）到达市区行车时耗均在1h以内，初步形成了覆盖全市的环线加放射线的高速公路网络（图1–4）。

城市道路建设取得新成果。建成了东北城角联络线、京承高速（北三环路至北四环路联络线）西外大街西延、通惠河北路、莲花池西路、阜石路（西三环路至西五环路）等，基本形成了二环路、三环路、四环路以及13条放射联络线快速路构成的“环线+放射线”的城市快速路网，快速路总里程达到242km。南中轴路、朝阳路、西大望路等一大批城市主干道建成通车，加密了城市道路网密度，改善了主干路系统空间布局不均衡的状况，提高了路网的承载能力，为建立快速通勤体系提供通道支持。尤其是北辰西路、辛店村路、左安东路、白马路等72项，164km的奥运场馆周边道路工程如期竣工，为奥运会残奥会交通运行起到了重要的支撑作用，奥运会前，城市主干道通车总里程达到1100余公里，实现规划的占90%以上。在加快建设城市快速路、主干路的同时，也不断建设完善次干路、支路等道路“微循环”系统，陆续建成了松榆北路、南菜园西街等100多条支路和次干路，路网结构日趋合理（图1–5）。

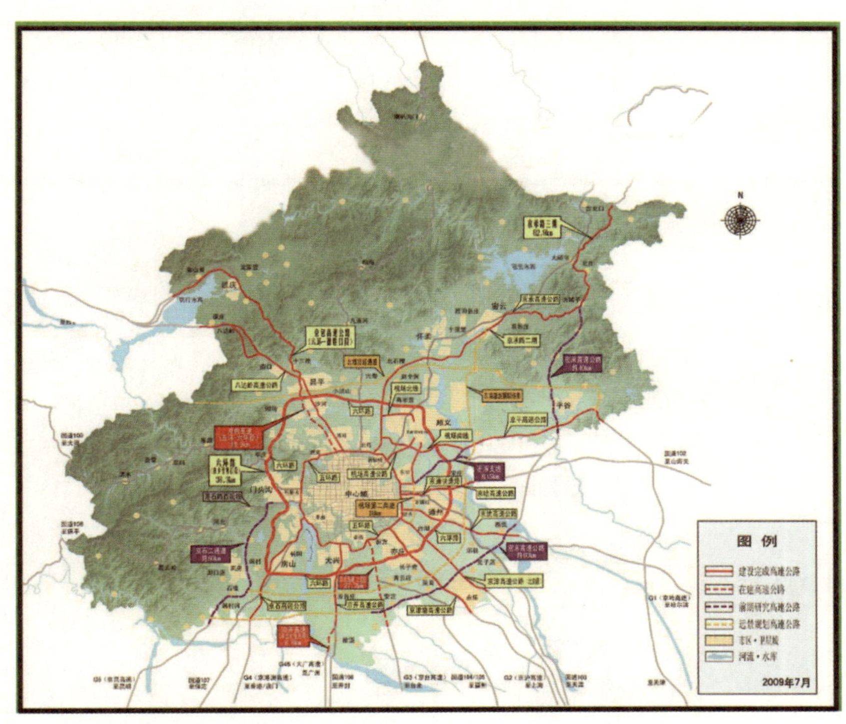

图1–4　高速公路网络图（来源：《北京城市总体规划（2004～2020年）》）

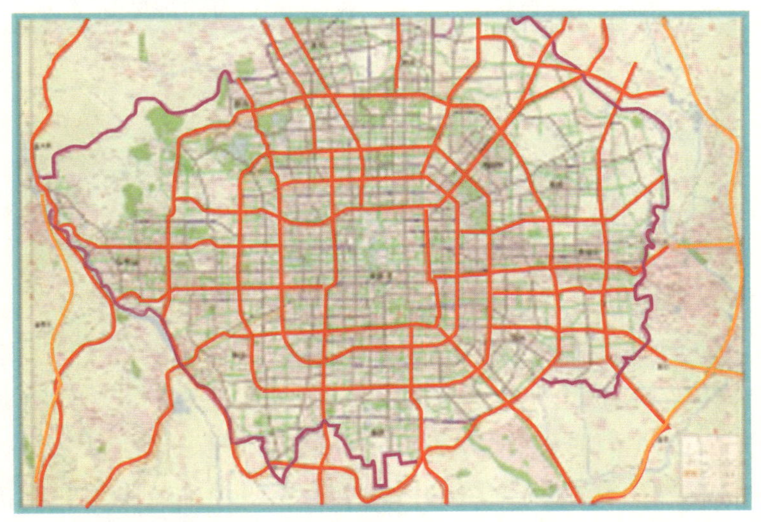

图1–5　城市道路网络图（来源：《北京城市总体规划（2004～2020年）》）

三级换乘体系加快构建。一批综合交通枢纽和中心站陆续建设和投入使用，综合客运枢纽、换乘中心站和换乘站的三级换乘体系初步形成，市民出行换乘更为方便。建成了动物园、六里桥、东直门等枢纽和北官厅、安定门等一批公交换乘中心站,正在建设西直门、四惠等交通枢纽。综合交通枢纽和中心站实现同一交通方式和多种交通方式的“零换乘”，大大方便了市民出行（图1–6）。

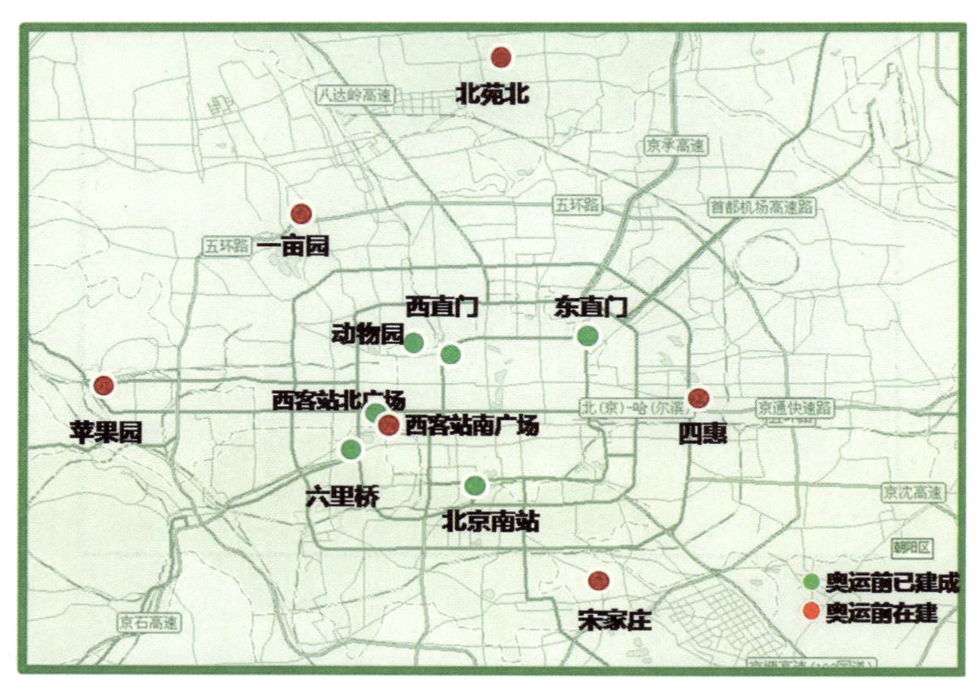

图1–6　综合客运枢纽建设网络示意图

缓解交通拥堵工作取得实效。自2004年～2008年，连续5年实施缓解市区交通拥堵工作方案，累计投资近3亿元，实施项目近1 400个，主要包括：优化平交路口，建设公交港湾及站台，完善过街设施，打通断头路，完善公交换乘系统，清理占路线杆，立交桥下空间利用，增加交通安全设施等8个方面。

据测算，通过改造的路段和路口通行能力提高28%，车辆行驶速度平均提高20%，平均整体延误时间减少6%，燃油消耗降低10%。

在2008年8月北京市机动车比2003年净增120万辆、保有量达339万辆的情况下，市区交通拥堵状况没有进一步恶化，局部路段有所缓解，交通拥堵指数也有所下降（图1–7）。

图1-7　桥下空间整治（来源：北京市交通委路政局）

加快郊区公路提级改造，提高了公路网运行服务水平。依据“安全、环保、舒适、和谐、耐久”公路新理念和“统筹城乡、服务奥运”的原则，对郊区公路实施了提级改造、路面大修、病桥改造等6大工程，总投资达到142亿元人民币，提级改造里程达到8 771km，全市二级以上公路里程占全市公路网里程也从2004年底的22%提高到30%，公路好路率从78%提高到85%以上，消除了700余处山区公路危险点段，全部国道、市道及80%的县道得到综合治理，实现了公路等级、公路好路率、公路安全保障能力、郊区旅游景点的公路畅通水平、公路景观和服务水平六个方面显著提高。

在2005年全国干线公路养护检查评比中，北京市公路养护水平在京、津、沪、渝四个直辖市中名列第一，在全国名列前茅。郊区公路的快速发展，为城乡一体化，促进首都经济又好又快发展起到了重要的支撑作用，并且为奥运会残奥会的举办营造了良好的郊区公路交通环境（图1-8）。

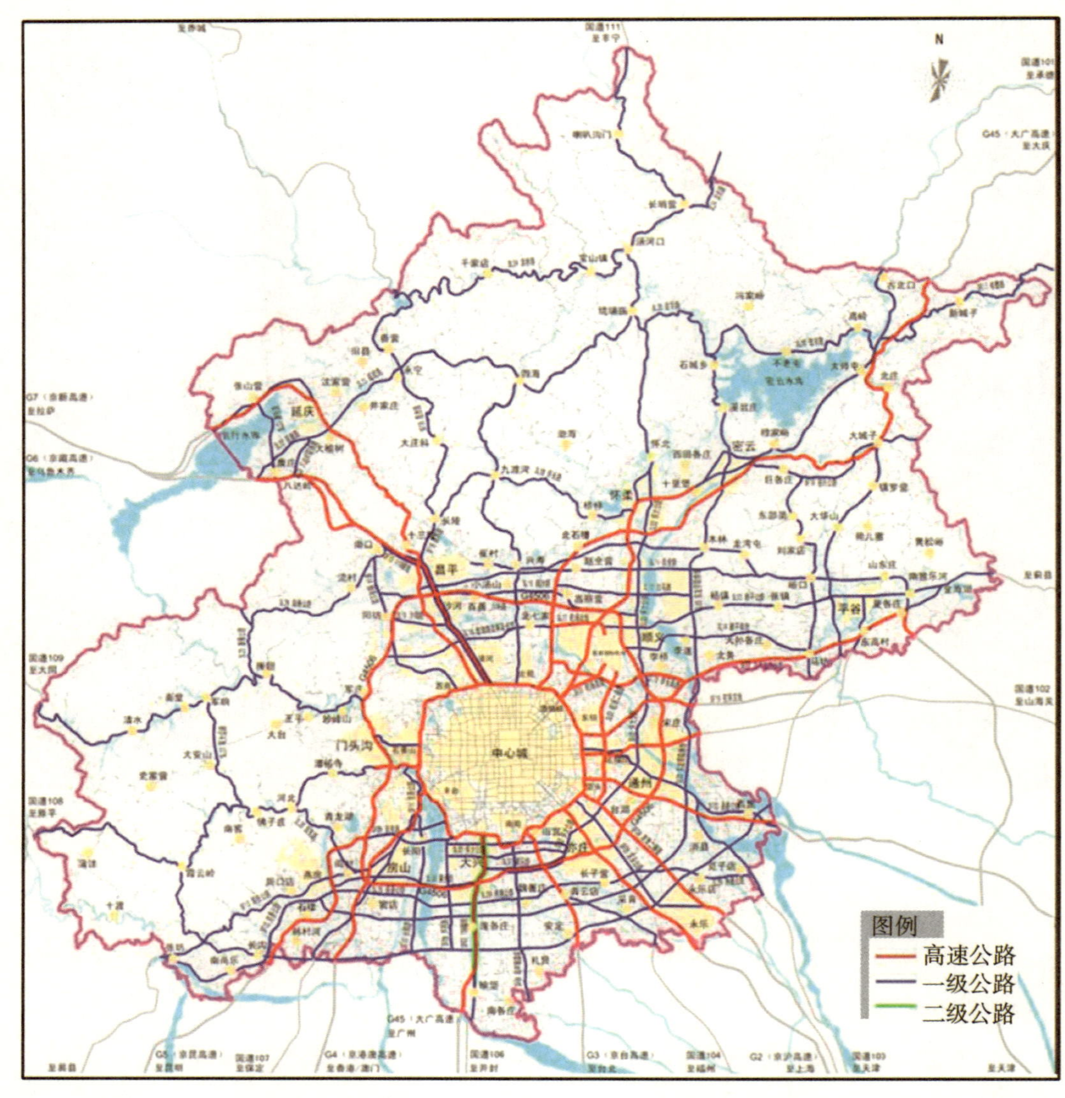

图1-8　干线公路网络图（来源：北京市交通委路政局）

道路路况水平和无障碍通行能力大幅提升。奥运筹备期间，全市共完成城市道路大中修351条，面积930万m^2，占全市市管城市道路总里程的三分之一以上。在城八区组织实施“便民路工程”和“奥运道路大中修工程”，大修道路746条、总长496km、面积636万m^2。城市道路平均完好率从2003年的68%提高到85%。到奥运会前，全市一类道路完好率达到95%，二类道路达到90%，三类道路达到80%，为奥运会的举办提供了有力的道路保障。同时，加大了城市道路无障碍设施的改造，提高无障碍设施的系统性，共补建和维修盲道、坡化路口约40万m^2。对残奥会比赛场馆和训练场馆周边以及旅游景点、商业区周边的111条主要道路、63座天桥、58座通道的无障碍设施进行了改造，城市道路无障碍通行能力大幅提高。完成了34条奥运公交线路318处站台无障碍改造，完成了地铁1号线、2号线、13号线、八通线64个车站183个出入口无障碍设施与道路无障碍设施的衔接工作，每个地铁站至少有一个出入口实现了无障碍通行（图1–9、图1–10）。

图1–9　奥运道路大中修图（来源：北京市交通委路政局）

经过7年的奥运交通筹备，北京初步建成了轨道交通网络、道路网络功能结构更为完善，综合衔接换乘方便和运营管理水平更加先进，设施承载能力明显提高，为举办一届"有特色、高水平"的奥运会残奥会，实现赛事交通和社会交通和谐运转提供了良好的硬件支撑。

图1-10　奥运专线站台改造（来源：北京市交通委路政局）

2 道路网络建设

申奥成功后，北京市按照制订的交通基础设施供给策略，本着道路系统规模扩展和功能结构改善并重的原则，在全面提速道路网络建设步伐，加强中心城路网功能级配结构改造的前提下，重点抓好场馆周边道路建设、完善快速路主干路系统以及大力扩充次干路、支路“微循环”系统，提高了路网的集散能力和交通可达性，为奥运会残奥会交通运行提供了设施保障。

2.1 场馆周边道路

2.1.1 基本情况

为满足奥运会赛时各场馆交通运行需要，在奥运场馆周边建设共计59条道路、72个项目（图2–1、表2–1）。

2.1.2 建设情况

自2004年奥运场馆周边道路陆续开工，经过近5年的努力，于奥运会前全部建成，为奥运会的顺利召开创造了良好的交通条件。

在建设过程中，严格遵守奥运工程“质量、工期、安全、功能、成本”五统一的目标要求，全面加强工程建设管理，创新工程安全质量管理方式，确保每一项道路工程均建成为优质精品工程。

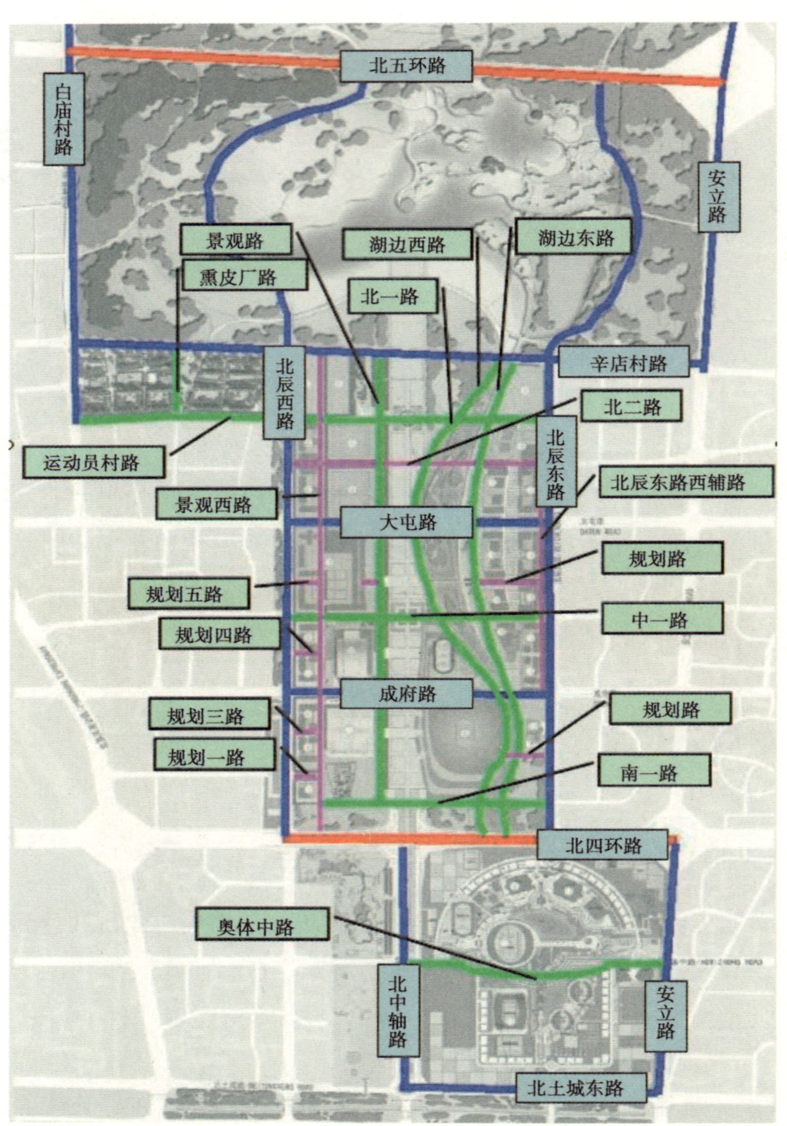

图2-1　奥林匹克中心区路网图

表2-1　场馆周边道路汇总表

序号	项目名称	位　　置	里程（km）
	2005年底已基本通车的奥运场馆周边道路项目		11.5
1	北辰西路南段	北四环路～辛店村路	2.40
2	南沙滩路	八达岭高速路～北辰西路	1.10
3	熏皮厂路	成府路～辛店村路	1.70
4	景观路	南一路～辛店村路	2.25
5	北一路	北辰西路～北辰东路	1.10
6	中一路	北辰西路～北辰东路	1.10
7	射击场南路及永引立交	西五环路～八大处路	1.02
8	射击场规划一路	西五环路～规划二路	0.30
9	射击场规划二路	射击场南路～规划一路	0.50
	2006年底已基本通车的奥运场馆周边道路项目		45.4
10	惠新西街立交（北苑路）	北四路～成府路	1.00
11	辛店村路	八达岭高速路～北苑路	4.90
12	辛店村路西延	学院路～八达岭高速路	0.90
13	北辰西路北段	辛店村路～北五环路	2.20
14	白庙村路	大屯路～北五环路	2.85
15	安立路	北四环路～立水桥	6.50
16	左安东路	东三环路～西大望路	1.40
17	北辰东路西辅路	北二路～成府路	1.10
18	四方桥跨线桥	京沈路四环立交桥	0.60
19	姚家园立交改造（平房桥）		0.74
20	和平里中街	安外大街～和平里东街	1.50
21	工体规划二路东城段	东直门内大街～区界	1.80
22	运动员村路	白庙村路～北辰西路	1.00

序号	项目名称	位　　置	里程（km）
23	工体西侧路	工体北路～朝阳路	1.10
24	小营路	北四环路～小营北路	1.00
25	朝阳体育馆东侧路	姚家园路～朝阳北路	1.10
26	朝阳体育场东侧路	姚家园路～体育场东门	1.00
27	亮马河北路（亮马桥路）	枣营路～东四环路	1.20
28	工体规划一路朝阳段	区界～朝阳路	0.90
29	五环东辅路海淀区段	阜石路～区界	1.50
30	老山北路（西段）	西五环路～玉泉路	3.78
31	小月河西路	辛店村路～清华东路	0.80
32	大井路	丰北路～京保路	0.16
33	五环东辅路石景山区段	区界～复兴路	0.70
34	自行车场规划一路	复兴路～老山南路	0.55
35	朝阳公园西侧路	农展南路～亮马河北路	3.10
36	老山南路	五环路～上庄东路	1.97
	2007年已基本通车的奥运场馆周边道路项目		70.5
37	五环路顾家庄桥立交改造		
38	高赵路续建工程（白马路）	京承路～顺密路	20.00
39	滨河路左堤改建工程	辛樊路～顺平辅路	10.20
40	老山路	复兴路～老山南路	0.39
41	滨河路右堤改建工程	辛樊路～顺平路	12.00
42	工体规划一路东城段	工体北路～区界	0.90
43	成府路西段	志新东路～熏皮厂路	1.00
44	清华东路	双清路～八达岭高速路	3.20
45	上庄东路	阜石路～复兴路	2.17

序号	项目名称	位　置	里程（km）
46	公路自行车道路项目	昌平区	2.00
47	和平里北街	安外大街～铁路桥	2.10
48	湖边东路	北四环路～辛店村路	2.50
49	南一路	景观西路～北辰东路	1.10
50	北二路	北辰西路～北辰东路	1.14
51	北五环南北辅路	上清桥～仰山桥	8.30
52	工体南路	东二环路～体育场	1.00
53	工体规划二路朝阳段	区界路～朝阳路	1.80
54	体育中心北路	西翠路～西四环路	0.74
55	成府路东段	安立路～北湖渠西路	2.60
56	北辰东路北延	辛店村路～北五环路	1.75
57	北辰东路中段	成府路～辛店村路	1.70
58	景观西路	南一路～辛店村路	1.90
59	湖边西路	北四环路～辛店村路	2.65
60	北辰桥改造		
61	长河路	中关村大街路～速滑馆南门	0.40
	奥运场馆周边道路		
1	大屯路	八达岭高速路～安立路	4.50
2	成府路隧道段（穿奥运村）	熏皮厂路～安立路	2.25
3	北辰东路南段	北四环路～成府路	0.80
4	成府路西延	财经东路～志新东路	2.60
5	北土城东路	八达岭高速路～惠新西街	6.40
6	中一路东延	北辰东路～安立路	2.00
7	奥体中路	北辰西路～安立路	2.00

序号	项目名称	位　　置	里程（km）
8	工人体育馆南路	工体规划二～工体西侧路	0.70
9	老山北路（东段）	上庄东路～玉泉路	2.2
10	玉渊潭南路西延（五棵松体育中心中路）	西翠路～西四环辅路	0.80
11	金沟河路东延	西四环路～西翠路	0.72
12	光彩北路	东罗园路～赵公口长途站东路	0.47
13	石榴庄路	南中轴路～成寿寺路	3.50
14	光彩路	南四环路～石榴庄路	2.04
15	晨光路	南中轴路～蒲黄榆路	1.84
16	后村路（光彩西路）	辰光路～光彩北路	0.80

2.1.3　工程施工特点

2.1.3.1　多种工艺技术并举

成府路改扩建工程穿过奥林匹克中心区，为满足奥林匹克中心区整体景观要求，同时保证成府路的通行能力，在北辰东路至北辰西路段采用闭合框架和U形槽相结合的通行方式（图2–2）。

图2–2　成府路隧道（来源：北京市交通委路政局）

在熏皮厂路至安立路段新建地下隧道线，隧道长1.9km，净高在8.9~12m之间，其中侧墙与顶板一次浇筑完成，该隧道结构是当时国内最大跨径的平顶直墙隧道结构。施工中，隧道基坑最大深度19.5m，平均深度14m，基坑边侧有数字北京大厦、国家体育馆、国家游泳馆中心（水立方）等在建场馆。为确保这些场馆的安全，采用了土钉墙、护坡桩支护等措施跨雨季施工。

为达到奥运场馆周边的安全需要，大屯路改建工程中在隧道内采用了世界先进水平的主动式数字电视监控系统，该系统是一款智能化的自动“电子眼”，可以对潜在入侵者、可疑目标和其他安全侵犯活动的瞬间进行准确检测，使保安人员可以对事件做出迅速而明智的决定和实时响应（图2–3）。

图2–3 大屯路隧道（来源：北京市公联公司）

北辰路工程施工中，为保证道路平整度及行车道内检查井圈安装施工质量，避免道路检查井周边路面下沉、开裂、破损等问题的发生，提高道路正常使用年限，该工程行车道内所有检查井井周在道路表面层摊铺前都进行反挖法进行检查井圈安装施工，彻底解决了行车道内井周下沉的质量通病（图2–4）。

图2-4　北辰路（来源：北京市公联公司）

2.1.3.2　践行“绿色奥运”

为确保绿色施工，保证雨水回流，补充地下水源，在奥运道路的步道设计上大量采用了透水性材料，基层采用无砂混凝土，上铺透水型步道砖。无砂混凝土，具有容重小，水的毛细现象不显著，透水性大，水泥用量少，施工简单造型方便、坚固耐久等优越性，透水速率达到了5m/s以上，下雨时雨水能够很快渗透到土层，路面上基本看不见积水，到了冬天还可以防止路面结冰。渗水砖不但透水性能好，存水能力也很强。晴天的时候，部分水还可以挥发出来，增加空气湿度，降低城市的热岛效应。同时，减少了区域内因开发建设造成的降雨径流系数的增大，控制外排水量的增加，补充绿地、河湖的部分水量消耗。在成府路、北辰东路、景观西路、南一路、清华东路、辛店村路等改建工程中都使用了这些材料（图2-5、图2-6）。

图2-5　透水砖步道（来源：北京市公联公司）

图2-6　南一路（来源：北京市公联公司）

在道路路面施工方面，景观西路、湖边东路路面表面层沥青混凝土采用双改性材料，并且在主要相交的路口增加抗车辙剂，有效改善路面的耐久性，并能增强抵抗车辆对路面的挤搓（图2-7）和（图2-8）。成府路道路结构配重设计采用级配钢渣等绿色环保材料，同时在隧道建设中也采用了一些节能环保型材料，成府路隧道主体结构防水采用附膜型钠基膨润土防水毯，大屯路隧道结构取消了配重混凝土，改用首钢废弃的钢渣废料，大大节约了能源，保护了环境。

图2-7　景观西路路面（来源：北京市公联公司）

图2-8　湖边东路路面（来源：北京市公联公司）

2.1.3.3　突出“以人为本”

（1）人性化设计理念使得道路更加美观舒适安全。

大屯路隧道内采用的比利时进口防火板不但具有防火功能，同时具备柔光功能，增加驾驶舒适感；隧道雨水深井泵房选用了带有破碎功能的机械格栅，潜污泵选用先进的半开式多叶片、后扫式、无堵塞设计，设置了除臭及辅助喷淋植物液除臭装置，美化了隧道内的环境；北中轴立交中景观大道全长283m、宽60m，桥梁中线3m范围内采用25cm厚花岗岩石材铺砌，3m范围以外采用15cm厚花岗岩石材铺砌，是非常壮观的人行景观大道（图2-9）。成府路在奥运场馆中心区内地下隧道公交港湾处安设六部自动扶梯，连接地面道路，两处人行梯道与自动扶梯配合使用，可满足场馆区内紧急情况人员的快速疏散要求，中心区内人行步道位于非机动车道内侧，与扶梯上口衔接，方便盲人等残障人士上下。清华东路工程中采用较新型的水泥基防滑面层施工，采用了两种外观不同的材料，即台阶踏步及自行车坡道采用粗纹防滑层，以提高视觉效果与冬雨季的防滑性能，人行坡道及主桥面采用细纹防滑层，以提高其脚感的舒适性与行人拖拉小轮行李车、残疾人乘坐轮椅时的平稳性。

图2-9　北中轴立交景观道（来源：北京市公联公司）

同时，注重道路景观绿化，在道路施工中同步实施绿化计划，如北辰东路、辛店村路绿化、安立路（图2-10～图2-12）。

图2-10　北辰东路西辅路人行步道（来源：北京市公联公司）

图2-11　辛店村路绿化（来源：北京市公联公司）

图2-12　安立路绿化（来源：北京市公联公司）

（2）施工过程中合理安排减少对周边道路通行、居民生活的影响。

北中轴立交在施工过程中为保护环境，在施工中做到了5个100%（即施工现场沙土必须100%覆盖，施工现场路面必须100%硬化，出入场地车辆必须100%冲洗车轮，拆除临时建筑物必须100%洒水压尘，暂时不施工的地方必须100%绿化）。出入口设置车辆冲洗池，现场设三台水车洒水降尘；惠新西街立交工程建设中，由于施工范围内共有28条公交线路通行，公交停靠站4处，公交总站1处，施工时将给已经饱和的交通带来一定影响，为了保证交通的正常运行，采取将社会车辆提前由设计出口导入辅路等方法，组织了多次交通导行，将施工对交通的影响降到了最低，并根据工程进展情况及时调整总体施工进度安排，掌握施工主动，也保证了施工顺利进行。上庄东路工程中采取了“降低噪声、避免扬尘、交通导行、忙而有序”的措施进行施工，例如为了施工路、导行路不扬尘，定时洒水湿润，选用低噪音的施工机械使其白天不超过70dB，晚上不超过55dB；辛店村路工程建设中，采用顶管法施工，实现了对附近地上、地下建、构筑物的影响小、占地少、出土集中、扬尘少、对社会生活干扰小、符合环保等。

2.2 城市道路

2.2.1 基本情况

申奥成功后，北京加快完善中心城道路网，快速路、主干路建设全面提速，至2008年奥运会开幕前，相继建成通惠河北路、莲花池西路、展览馆西路、蓝靛厂南路、阜石路、朝阳路、清华东路等134项城市快速路、主干路道路（含场馆周边道路），通车里程461km，新建、改扩建健翔桥立交、紫竹桥立交、惠新西街立交、湖光中街立交、北京展览馆南广场等（表2–2、图2–13～图2–20）。

表2–2 城市道路改扩建情况一览表

名称	里程（km）	面积（m^2）	建设标准	作用
四环路	65.3	412万	城市快速路设计，红线宽70～100m，路面全宽38m，主路全封闭、全立交、双向八车道加紧急停车带，设计时速80～100km，桥梁荷载等级为城A级	四环路的建成，对完善城市路网、提高城市快速路系统的运行标准和水平；对沿线的经济发展和城市环境的改善已经起到并将进一步起到巨大的推动作用
广安街	6.2	36万	城市主干线，红线宽70m，占地宽50m，主路三上三下六条 行车道加连续停车带，并设有公交专用车道，设计时速60km，两侧各有一条7m宽辅路和10m宽的绿化停车带	一条贯穿首都中心区东西的城市交通大动脉，吸引前三门大街交通流量的20%，改善南城地区东西方向路网交通运行状况。广安大街的建设为南城地区的建设发展提供了完善的市政基础设施条件
西外大街	3.528	18万	城市快速路，红线宽90m，主路为三上三下六车道加紧急停车带，设计时速80km。两侧各设一条宽7.5～14.5m的辅路	为北京西部增加了一条连接二、三环路的快速联络线和中关村科技园区的快速通道，对北京展览馆、动物园地区发挥城市文化与交通枢纽功能，提高整体形象和经济开发水平发挥了重要作用

名称	里程（km）	面积（m^2）	建设标准	作　用
学院路	8.03	35万	西直门立交～北四环段设计为城市快速路，红线宽70m。在学院南路～土城北路段红线扩展至177m。主路三上三下六车道，并设有公交车道，设计时速80km。北四环路以外路段为城市主干道，道路规划红线宽70m，主路二上二下四条行车道，设计时速60km。中央隔离带宽8m，作为轻轨预留用地	形成了一条连接二、三、四、五环路的城市主干路，更好地发挥环路的作用，缓解城北地区的交通压力，疏导过境车辆，为中关村科技园区、城北大学园区提供了进出市区的快速联络线。同时也是21届大运会大运村所在地的交通主干道
德外大街	2.15	11万	城市快速路，红线宽70m。主路为三上三下六车道，设计时速80km。两侧各设一条宽7～12m的辅路	
二环路	33			二环路、三环路改造工程树立了首都道路交通新形象，二环路、三环路成为安全、舒适、美观的环城大道，提高了车辆行驶速度和舒适度
三环路	48			
远大路	2.1	7.7万	城市主干道，红线宽45m～55m，三上三下六条行车道，设计时速60km	与杏石口路、万泉河路共同形成北京西部地区的交通网骨架，承担起城西北地区及中关村西部地区的交通重任
万泉河路	3.1	15.75万	城市快速路标准，规划红线宽60～70m，主路宽24m，为三上三下六条行车道，设计时速80km	与新建圆明园西路相连，形成了三环至五环的快速通道，有效缓解城西北地区的交通压力
紫竹桥		7.73万	桥梁长度分别为579m、650m，宽度均为10.5m	有效缓解了紫竹桥的交通压力，使机动车转向可以实现无交织快速通过，同时也为三环路减少了一个拥堵点
健翔桥		6万		使来往于四环快速路和八达岭高速公路之间的机动车辆实现无交织快速转向，有效缓解了健翔桥及周边地区的交通拥堵状况
朝阳北路	15	52.93万	城市主干道，红线宽60～80m，设计时速60km。道路横断面东大桥至东五环段为三幅路形式，中央机动车道宽24m，两侧各设一条非机动车道和人行步道；东五环路至草房村朝阳区界为四幅路形式，中央隔离带宽17m，主路机动车道各宽8.5m	形成北京市东西方向重要的交通干道，为城东地区增加了一条进出城的交通要道，有效缓解建国路和朝阳路的交通压力，为CBD提供了良好的外部交通条件，解决北京水源十厂输配水管线的路由问题，实现由市区向通州区供水的目标

名称	里程（km）	面积（m^2）	建设标准	作用
万寿路南延	4.3	10.84万	城市主干道，红线宽50m，设计时速50km。正阳大街至京保路段为两幅路形式，中央隔离带宽10m，两侧道路各宽10.5m，机非混行；京保路至吴家村路段为三幅路形式，机动车道宽15.5m，两侧分隔带各宽6.25m，非机动车道各宽6m	连通莲花池东路、丰北路和京石高速路的作用，分流西三环路、西四环路的部分交通，缓解周边地区的交通压力
南中轴路	14	46.78万	城市主干路，红线宽度为40～284m；机动车道为三上三下六车道至五上五下十车道	进一步完善了城南地区的路网结构，使二环路、三环路、四环路及南苑地区有机连结起来。南中轴路是大容量公交体系的第一条示范线路，对发展现代化公交客运系统，整合现有交通资源起到积极的促进作用
莲花池西路	11.38	46万	城市主干路，红线宽80m，设计时速80km，道路为两幅—四幅路型式，主路各宽11.5～15.5m，三上三下六条行车道加紧急停车带，在道路沿线局部设置辅路和地方道路	加强了各环路之间的相互联系，同时有效缓解复兴路和阜石路、长安街西延及北京城西地区的交通压力。使西部地区的西翠路、永定路、玉泉路、鲁谷路等城市主干路或次干路与莲花池西路的交通联系以立交型式加以解决，完善了西部地区的路网规划
丰北路	6.49	31.2万	城市快速路，红线宽度为60m，京石高速路至丰体西路段主路为二上二下4车道，丰体西路至丽泽桥为三上三下6车道，南北侧各设一条宽9～12m的辅路	解决了丽泽桥的拥堵、缓解了六里桥和岳各庄桥的交通压力，分流京石高速公路的交通，将三环路、四环路及京石高速公路有机地联系起来，形成了完整的西三环至京石高速公路的快速放射线
通惠河北路	4.6	13.67万	城市快速路，红线宽45m，道路标准横断面为三幅路，两侧机动车道两上两下加紧急停车带，各宽11m，主路北侧设置由东向西行驶的单侧辅路，宽9～11.5m	形成北京东部方向连接二环路、三环路、四环路的一条重要放射线，是市区与京通快速路之间联系的快速联络线，对改善和缓解东二环路、东长安街及延长线和CBD区域在内的整个建外地区的交通拥堵状况起着至关重要的作用
蓝靛厂南路	6.75	29.89万	城市主干路，红线各宽45m，昆玉河两侧机动车道各宽11.5m，外侧主辅路分隔带各宽2.5m，外侧辅路各宽7m	沟通了阜石路、车公庄西延路、西外大街西延路和北四环路，形成西三环和西四环之间一条重要的南北通道，缓解西三环路、西四环路的交通压力，有效分流白颐路的交通量

名称	里程（km）	面积（m^2）	建设标准	作用
首都机场第二通道	27.2	53万	城市快速路，红线宽60～80m，机场南线至东坝路段为两幅路形式，两侧机动车道各宽15m，三上三下六车道加连续停车带；东坝路至东五环路段为四幅路形式，两侧机动车道各宽15m，三上三下六车道加连续停车带	市区东南部与机场联系的主要交通走廊，可继续向南与规划的京津第二高速相贯通，成为连接首都机场与天津滨海机场之间的重要通道。同时还起到了高速联络线的作用，将机场南线、京平高速公路、京通快速路、京沈高速路、京津第二通道有效地联系起来，方便各高速公路之间的快速交通转换。缓解了目前机场高速公路和东五环路的拥堵局面，保证中心城区与首都机场之间多条高速走廊相连
阜石路	5.52	19.94万	城市快速路，红线宽80m，由宝山中路东侧至西四环路西侧，道路中间为连续高架桥，两侧主路各宽11.5m，机动车道三上三下，两侧护栏各宽0.6m，桥梁结构总宽24.8m。桥下地面道路为城市主干路两侧路面各宽15m，机动车道三上三下	形成连接西四环路和西五环路的又一条东西向放射性交通干道，与莲花池西路及长安街西延共同构成了北京西部地区与市区联系的三条快速走廊，也是市区与门头沟、石景山区联系的主要通道

图2-13　莲花池西路（来源：北京市公联公司）

图2-14　机场二通道（来源：北京市公联公司）

图2-15　改造后的三环路（来源：北京市公联公司）

图2-16　四环环路（来源：北京市公联公司）

图2-17　万泉河路（来源：北京市公联公司）

图2-18　紫竹桥改造（来源：北京市公联公司）

图2-19　健翔桥（来源：北京市公联公司）

图2-20　丰北路（来源：北京市公联公司）

2.2.2 工程特点

2.2.2.1 创新拆迁

城市道路规划红线内地上物的拆迁是制约城市道路建设的最大难点，为加快各项道路建设的工程进度，北京交通部门创新体制机制，充分发挥交通主管部门和建设主管部门以及市、区两级的积极性，广大被拆迁市民也以“服务奥运、为国争光”的姿态，配合政府部门顺利完成拆迁，确保各项道路工程拆迁工作如期完成，为推进城市道路建设奠定基础（图2–21）。

图2–21 拆迁后建设的广安大街（来源：北京市交通委路政局）

2.2.2.2 注重文物保护

作为历史古都，北京市名胜古迹数量多、分布广，在城市道路改扩建工程中，经常会涉及名胜古迹，施工中要想做到不破坏历史文物，势必增加方案设计和施工的难度，同时也会增加建设费用，但对于保护北京的历史文化风貌却起到了很重要的作用。如德外大街改扩建工程中需经过德胜门，作为北京内城九座城门之一的德胜门，始建于明正统二年（1437年），为保证德胜门箭楼的景观不被破坏，在工程设计时，对两条自二环路向北的定向匝道进行了总体高度控制和距离控制，并将原设计方案中的安德北路南侧两座人行天桥改为人行地下通道，最大限度地保护了历史景观（图2–22）。

图2-22　德胜门周边道路（来源：www.xiangshu.com）

广安大街改扩建工程沿线分布有多处文物建筑，为保护这些文物，规划设计与文物管理部门多方配合，设计方案几经修改，最终使这些文物建筑得以原地保留。如为保护纪晓岚故居、京华印书局等文物建筑，道路向南拐弯，中线南移7~10m，避开了这些文物，所有地下管线也同时绕房而行（图2-23、图2-24）。在珠市口路口，为保护珠市口教堂，道路设计新辟了导向岛，将这座教堂环绕在岛中央。

图2-23　纪晓岚故居图（来源：www.sohu.com）

图2-24　京华印书局（来源：www.sohu.com）

学院路快速路改扩建中，为保护元大都城墙遗址，道路绕开遗址而行，在学院南路和知春路口设计以分叉的高架桥形式穿越路口，原设计的穿越遗址中央的交通组织也予取消（图 2 -25）。

图2-25　元大都城墙遗址（来源：www.mylhh.com）

2.2.2.3　最大限度减少对社会交通影响

奥运筹办7年间，北京市改扩建、整修城市道路的工程项目大多都是在出行需求巨大、交通流复杂的环境中实施的，由此造成了施工与交通疏导之间的巨大矛盾。施工中，制订了完备的交通导流方案，采取施工尽量安排在夜间等方式，确保将道路施工对市民出行的影响降低至最低。比如，广安大街改扩建中，原有道路上有10多条公共电汽车运行线路，为保证施工期间公交不断，施工中采取了半幅施工，或先通辅路再修主路的方案，特别是路口的施工，由于各种管线错综复杂，几大路口都是依次实施了4~5次交通导流方案，才使工程得以建成。在沥青路面铺筑施工中，既要保证路面连续作业，又要保证公交运行，因此只能选择在夜间公交末班车收车后至公交头班车出车前这段时间进行施工。

二环路和三环路是北京交通量最大、最重要的环形快速路，是城市中心区的交通大动脉。鉴于这一情况，二环路和三环路的改造主要采取夜间施工（晚10:00后 ~ 次日6:00前）白天放行的方式进行。一般施工可以开双班，每天施工时间可达16h，而二环路施工时间只有6h，并且每天还要完成进场和清场工作，做到场光地净，因此，给施工组织提出了很高要求。为不影响第二天社会交通正常通行，各施工单位坚持每天收工前调集四五百人的队伍清理施工现场；在修补旧混凝土板时，由于工程量大，当天没处理完的旧混凝土板，就用方砖铺好，保证第二天正常通车；在桥梁伸缩缝施工时，需拆旧缝、安新缝，施工周期较长，各施工单位就用钢板将伸缩缝覆盖好，并在钢板下垫橡胶片，保证车辆通行，降低行车噪声。为确保行车安全，在每条未做完的伸缩缝旁都有一名施工人员看守，发现钢板错位立即采取措施（图 2 –26、图 2 –27）。

图2–26　二环路改造后（来源：北京市公联公司）

图2–27　三环路改造工程（来源：北京市公联公司）

2.2.2.4　注重绿色环保

在城市道路建设改造中，交通部门践行“绿色奥运”理念，采用多种方式，实现施工过程的绿色环保，无论是在节能减排、降低噪声污染，还是在美化环境等方面，都取得了很大成效。

在施工中降低噪声和粉尘污染。二环路、三环路改造工程中，周围多是密集的居民区和企事业单位，且均在夜间进行施工，因此，环保要求高。在施工中，尽可能采用低噪声设备进行施工，同时采用中水进行路面清扫、降尘等工作，在节约水资源的同时降低对周边的粉尘污染。这种处理方式也被广泛地用于其他城市道路的建设中。

提高废物利用率。在二环路、三环路的改造过程中，清理出的废旧沥青拉回沥青搅拌厂回炉，经过破碎筛分后与一定比例的新料加热搅拌，用于底层油的摊铺，节约了能源。蓝靛厂南路在桥梁桩基施工中，采用了过水断面小且对水质无污染、拆装较为方便的中导桩膜围堰进行导流施工，保证了桥梁桩基、临时支架干槽施工和对原河道断面的快速恢复。

2.2.2.5　新技术新工艺新材料应用

在城市道路建设中，广泛采用了新技术和新工艺，在施工质量、美观程度、节能环保等多个方面，起到了积极作用。

（1）新材料。

在德外大街改扩建中，德胜门箭楼周围道路改造加铺采用了SMA－10改性沥青混合料。铺筑后具有良好的温度稳定性、抗车辙能力及低噪声性能，能够延长路面使用寿命（图2–28）。

图2–28　德外大街路面（来源：北京市公联公司）

为保证路面平整度，提高行车舒适性，四环路上桥梁伸缩缝及检查井一律采用反挖法施工，主路面层全部采用改性沥青马蹄脂混合料。

四环路在中关村科技园区通过时，为降低交通噪声，长2.7km的路段采用了“路堑”形式，平均深7m，开挖土方近100万m^3，连续壁结构墙体厚度为0.8~1.2m，高9~19m，浇筑抗渗混凝土6万m^3（图2–29）。

图2-29　四环路路面（来源：北京市公联公司）

在二环路旧路面处理完以后，首先加铺2.5cm厚防反射裂缝应力吸收层。这种材料采用中东石油沥青并添加特种聚合物（专利技术）进行改性，在江苏加工后用可加热的大型罐车运至北京，材料具有既硬也软的特性，可有效加强新旧路面的结合，延缓反射裂缝的发生。路面则使用了世界著名的天然沥青特立尼达湖沥青，这种产自中美洲特立尼达和多巴哥的沥青具有抗高温变形、抗老化，铺筑后即可放行的良好性能，二环路全线采用湖沥青改性（在普通沥青中掺加25%即可达到很好的改性效果），同时配合使用SBS复合改性、张家口玄武岩及SMA新型结构，是目前北京沥青路面最高的技术配置。在二环路中央隔离带防撞缘石及两侧道牙等混凝土构件上，引进了国际标准的新型引气剂并制订适合北京地区材料特性的混凝土小型构件生产工艺及混凝土配和比，提高了材料质量标准，加强了生产过程控制，使小型混凝土构件的抗剥落、抗侵蚀性能大大提高，其内在质量与外观均有较大提高和改善。这一研究成果在全市市政混凝土构件生产中予以推广应用。

阜石路改扩建中，在预应力孔道的灌浆中采用了无收缩防腐蚀高性能预应力管道灌浆剂，其特点是：高充盈度，凝结时间可调，微膨胀，抗折强度高，具有优异的流动性和浆体稳定性。在施工中还引进了先进的计算机控制智能型机铺桥面防水卷材工艺、设备和材料，避免以往防水卷材施工存在的人工操作误差，提高防水卷材施工的质量稳定性，延长桥梁的使用寿命，而且具有铺设速度快的特点（图2–30）。

图2–30　阜石路（来源：北京市公联公司）

（2）新技术新工艺。

广安大街的控制性工程是京山铁路顶进箱涵，该工程用新建箱涵顶出原有箱涵的新、旧箱涵置换技术在全国尚属首次。原箱涵为6m+14.5m+6m的三孔整体式钢筋混凝土框架结构，桥长35.8m，宽17.3m，高6.4m。新建箱涵为12m+15m+15m+12m的四孔分体式钢筋混凝土框架结构，长76m，宽21.2m、高7.5m，与旧桥位相同，斜交角度为52°。该桥地处东三环广渠门立交桥西侧，交通流量大，又是京铁路进出北京站的咽喉地区，日通过铁路客车100队次以上。经过有关部门专家多次论证和联合攻关，采用如下新技术新工艺：综合减阻；加强型线路加固；底板弯、剪、扭的受力分析模型；顶进油路串、并联分别供压；滑板延伸地梁等，这些技术与工艺，一举解决了顶进施工中的五大难题，使顶进箱涵提前6天顺利就位，同时铁路运输正常运行，没有发生任何行车问题。

四环路下穿东郊铁路编组站的三孔箱涵顶进工程，横穿11股铁路线，箱涵长68.85m，宽46m，高7.55m，顶推总重量达1.88万t，是北京地区目前规模最大的顶进箱涵。另外，四环路利用高压旋喷桩止水帷幕与连续壁结构共同形成止水封闭圈，同时，连续壁墙体插入隔水层中，解决了地下水位较高、地下水浮力影响等技术难题。

城市道路上检查井的响、跳、沉是多年的老大难问题，广安大街改扩建中涉及1200余个井盖。为克服井盖的问题，施工中采取了对井周的回填采用新的回填技术标准，确保井周不沉陷；采用新型的五防重型井盖，具有防响、防盗、防滑、防位移、防坠落功能；严格执行安装操作程序，实行奖惩制度，将井盖与路面的高差控制在5mm以内。这一做法取得成功后，被推广至全市其他道路建设中。

学院路施工中，钢梁施工采取了体外预应力的新技术。这是首次在城市道路建设中采用这种新技术。过去的传统做法是在钢筋混凝土结构中加预应力，新技术是在钢箱梁体内加预应力钢绞线。这种技术，能够将预应力直接施加在钢箱梁上，改进了钢桥的整体受力，更适合于弯坡、斜桥上。同时，可以减小钢梁自重，使混凝土桥面板易于浇注，还可加快桥梁的建设速度。

在丰北路改扩建工程的四丰桥由南向东定向右转匝道桥施工中，首次采用了上行式架桥机进行预制节段逐跨拼装桥梁上部结构施工工艺，该工艺的优点在于施工快捷，可以缩短施工周期，且无需在道路上搭设大型受力排架，不影响现状交通正常通行。在四丰桥区Z7匝道桥上跨四环路主路段首次设计采用了大跨径无支架钢—混凝土组合梁施工工艺，钢梁主跨长70.5m，与常规钢—混凝土组合梁相比，此种新工艺减少了位于四环路上的钢梁栓接点及主路中央隔离带处的三个临时支墩，大大减小了钢梁施工时对现况四环路交通的影响。另外，为根治检查井经车辆反复碾压振动导致检查井下沉的通病，消除城市道路“烂眼圈”现象，成立了专题估量管理（QC）创新小组。通过增设井盖钢筋混凝土底座，取消了检查井的下卧砂浆，在检查井盖下增加调高螺栓，采用螺栓调节井盖高程，然后浇筑C30混凝土，消除了质量通病产生的根源，经过试验认证质量良好。另外在丰北路辅路通过增设井盖钢筋混凝土底座，将地面荷载直接传递到井筒周围道路结构层上，实现了井盖与井筒的“脱离”，从根本上解决了井盖刚性结构与路面柔性结构不均匀沉陷的问题。通过大量试验及通车检验，实施此工艺的检查井达到了预期效果，为相关技术的推广奠定了基础。

2.3 高速公路

在奥运会筹办的7年间，根据全国公路网建设规划和北京市总体规划，结合赛事交通运行需求和城市交通运行需要，北京市先后完成了五环路、六环路、京承高速公路一期、京承路高速公路二期、机场北线高速公路、京津高速公路、机场南线高速公路、京平高速公路、机场第二通道等高速公路重点工程建设任务，共计289km。到2008年奥运会前，北京市高速公路通车总里程达804km（图2-31）。

图2-31 六环路（来源：首发公司）

2.3.1 五环路

2.3.1.1 基本情况

五环路起于京承高速公路，按顺时针方向，跨机场高速公路、京沈高速公路、京津塘高速公路、京开高速公路、京石高速公路、京原公路、八达岭高速公路，再接回到京承高速公路五环路起点（图2-32～图2-35）。环路全长98.78km。设计行车速度为100km/h，双向六车道加连续停车带，路基宽35m，其中22km为双向六车道无连续停车带，路基宽度为28.5m。桥梁设计荷载为汽—超20级、挂—120级。

图2-32　五环路来广营桥（来源：首发公司）

图2-33　五环路石景山段（来源：首发公司）

图2-34　五环路上清桥（来源：首发公司）

图2-35　五环路五方桥（来源：首发公司）

作为申奥承诺的重点建设项目之一，五环路是一条十分重要的城市多功能快速环路（按高速公路标准设计）。它位于市区与远郊区之间的城市边缘地带，距市中心10～15km，连接着规划居住人口200多万人的北苑、酒仙桥、东坝、定福庄、垡头、南苑、丰台、石景山、西苑、清河10个边缘集团和亦庄新城以及主要奥运场馆和中关村科学城，并与北京市向外辐射的所有高速公路及国道、市道相交，是一条大容量的截流过境交通、疏导跨区交通的全封闭、全立交高速公路，也是一条城市快速交通干道。

2.3.1.2　建设情况

五环路全线共建设各类桥梁259座，其中大型互通式立交12座，一般互通式立交19座，分离式立交55座，特大桥9座，铁路顶进箱涵6座，深槽路堑7段，人行天桥16

座，通道桥23座（图2-36～图2-39）。道路建设总面积472.27万m^2，桥梁总面积69.4万m^2，绿化面积343万m^2，填筑土方1525.7万m^3，挖方214万m^3。

图2-36　五环路远通桥（来源：首发公司）

图2-37　五环路机场立交（来源：首发公司）

图2-38　五环路转体立交（来源：首发公司）

图2-39　五环路姚家园立交（来源：首发公司）

五环路工程项目，自2000年11月开工建设，至2003年10月全线建成通车，总工期历时3年。

一期工程（八达岭高速公路—机场高速公路段），全长15.2km，工程于2000年11月开工，2001年9月建成通车；二期工程（八达岭高速公路—京石高速公路段），全长28.79km，工程于2001年11月开工，于2003年10月建成；三期工程（机场高速公路—京津塘高速公路段），全长23km，工程于2001年11月开工，于2002年11月建成通车；四期工程（京石高速公路—京津塘高速公路段），全长31.76km，工程于2003年2月开工，于2003年10月底建成通车。

2.3.2 六环路

2.3.2.1 基本情况

六环高速公路是国家高速公路网中规划的北京城市环线，是大庆——广州高速公路（大广高速）的组成部分；距市中心20～30km，穿越9个区，连接顺义、通州、亦庄、大兴、房山、门头沟和昌平7个新城，是一条联系通州、顺义、亦庄三个重点新城和截流、疏导城市过境交通的重要环线高速公路（图2-40）。

图2-40 六环路酸枣岭桥（来源：首发公司）

六环高速公路全长187.6km，于2009年9月12日全线贯通，依次为西北六环（寨口—西沙屯）、东北六环（西沙屯—胡各庄）、东南六环（胡各庄—马驹桥—孙村—大庄）、南六环、西六环（良乡—寨口）。它连接京包高速、八达岭高速、京承高速、京平高速、京哈高速、京沈高速、京津高速（京津二通道）、京津塘高速、京台高速（规划的京津三通道）、京开高速、京石高速11条对外放射高速公路以及G111、G101、G103、G104/G105、G106、G107等放射线国道。全线全封闭、全立交、双向四车道，路基宽度26m，设计行车速度80～100km/h，桥梁设计车辆荷载为汽车—超20级、挂车—120级，地震基本烈度八度。

六环高速公路建成后，在未来20年内，仅可以初步定量化的效益，静态值为1844.69亿元人民币，是工程总投资的10.19倍，按折现率7%计算的动态值为1414.05亿元人民币，效益—费用比为7.81。尽管这些效益的产生还需要其他相配套投资以及消耗的支持，但六环路是最基本的载体和源头，贡献度最大。

2.3.2.2 建设情况

六环高速公路共建有大型互通式立交10座，一般互通式立交34座，分离式立交133座（其中公铁立交12座），跨河桥58座，特大桥4座，通道桥47座，桥梁总数270

座，大型隧道1座（图2-41~图2-43）。建设道路路面总面积485万m^2，桥梁总面积94万m^2，填筑土方3625万m^3，挖方520万m^3，绿化面积402万m^2，拆迁房屋110万m^2。

图2-41　六环路立交（来源：首发公司）

图2-42　六环路建设过程(一)（来源：首发公司）

图2-43　六环路建设过程（二）（来源：首发公司）

六环高速公路始建于1998年12月，根据交通需求和公路网建设投资计划，分七期逐段立项审批和开工建设，历时11年，第一期工程于2000年10月竣工投入使用，全线于2009年9月建成通车。一期工程（马驹桥—胡各庄段），全长25.25km，于1998年12月开工，2000年10月建成通车；二期工程（马驹桥—孙村段），全长15.0km，于2000年5月开工，2000年11月建成通车；三期工程（大庄—孙村段），全长7.55km，于2000年10月开工，2001年8月建成通车；四期工程（胡各庄—西沙屯），全长58.92km，于2001年8月开工，2002年10月建成通车；五期工程（良乡—黄村大庄），全长23.0km，于2004年3月开工，2004年12月建成通车；六期工程（西沙屯—寨口），全长19.6km，于2004年3月开工，2006年12月建成通车；七期工程（良乡—寨口段），全长38.28km，于2007年1月开工，2009年9月建成通车。

2.3.2.3　功能

六环高速公路是国家高速公路网大广高速的北京环城线，连接北京市中心城对外放射的各条国家高速公路、国道、主要市道干线，对优化城市空间结构、加强新城以及市域各区县交通连接、促进新城和市域城镇化发展、促进产业合理布局和集聚、改善北京过境交通状况、减少对城市交通干扰、保护城市环境等都具有重要的积极作用，社会经济效益显著（图2-44～图2-46）。

图2-44　六环路（来源：首发公司）

图2-45　北京六环与京密公路立交（来源：首发公司）

图2-46　六环路西沙屯立交桥（来源：首发公司）

六环高速公路的建设对提高北京市公路网结构层次和网络整体性起到了重要作用，六环高速公路全长187.6km，占目前北京市高速公路里程的20%以上。六环高速公路建成通车，标志着北京高速公路网构架基本建成，路网整体功能得到较大提升，对城市、社会经济发展的支持能力增强。

2.3.3 京承高速公路（一期、二期）

2.3.3.1 基本情况

京承高速公路一期工程是国道101线（阿荣旗—广州）的重点组成部分，也是北京总体规划中的一条对外放射线。该项目工程起点为北四环路望和桥，向北跨北小河，经来广营桥与北五环路相交，跨城市轻轨13号线及铁路环线，跨清河和温榆河，经高丽营与六环路相交，全长21km（图2–47）。

图2–47 京承高速公路一期（来源：首发公司）

京承高速路二期工程起点位于顺义区高丽营镇，与京承高速路（一期）工程终点在酸枣岭立交相接。路线经顺义区赵全营镇、北石槽镇，沿京密引水渠南岸前行进入怀柔区庙城镇，上跨民航铁路专用线、京承铁路及京密路后，再经杨宋镇，跨怀河，下穿大秦铁路，跨潮白河进入密云县河南寨乡，跨潮白河之后沿潮白河西岸至终点沙峪沟与密兴路相交，全长46.7km（图2–48、图2–49）。

图2-48　京承高速公路二期
（来源：首发公司）

图2-49　京承高速公路二期三塔斜拉桥
（来源：首发公司）

京承高速公路一期是国道101线的一部分，也是国家规划重点干线公路的一部分，它的实施对促进沿线地区的经济发展、发挥城市的经济辐射功能、改善路网结构和现有京密路的行车条件具有十分重要的作用。京承高速公路二期的建成，进一步连接了北京市朝阳区、顺义区、昌平区、怀柔区和密云县，间接联系了平谷县，是北京市东北部地区的主要交通干道，促进了沿线地区的经济发展，充分发挥了城市的经济辐射功能，对改善路网结构和现有京密路的行车条件具有十分重要的作用。同时，京承二期进一步向河北承德、东北地区辐射，促进了北京市与我国华北、东北地区的对外交流。

2.3.3.2　建设情况

京承高速路一期工程中四环路至来广营段（K0+000～K5+800），设计标准为城市快速路，设计车速80km/h，并用分离式断面，沿城市轻轨两侧上、下行分开铺设。中间城市轻轨占地宽度约30m，单侧路基宽度17m，双向6车道；来广营—六环路（K5+800～K21+000），设计标准为高速公路，设计车速120km/h，采用整体式断面，其中K5+800～K19+500为双向六车道加连续停车带，路基宽度35m，K19+500～K21+000为双向4车道加连续停车带，路基宽度43m。该项目工程先后与15

条现状道路和规划道路相交，共设置互通式立交桥6座，高架桥一座；跨河桥6座；通道桥12座，人行天桥5座，小桥涵60座，全线路基填方366万m^3，挖方14.67万m^3，路面面积83.23万m^2，桥梁总面积12.18万m^2，道路绿化面积90.2万m^2。该工程于2002年1月18日开工，2002年10月26日竣工通车。工程交工验收的质量评定，分项工程合格率100%，单位工程优良率96.3%，该工程质量综合评分为94.2分，质量等级为优良。该项目工程被评为北京市优质工程。

京承高速路二期工程道路起点桩号K21+596.21，终点桩号K68+300，路线全长46.7km，共设互通式立交8座，分离式立交15座（含3座铁路立交）、跨河桥16座、通道桥16座。全线按高速公路标准设计，设计时速为120km/h。路基设计宽度为35m，双向六车道加紧急停车带。主要工程量为路基填方1291万m^3；挖方23万m^3；路面面积157万m^3；桥梁面积20万m^2。

京承高速公路二期于2004年5月25日开工，于2006年9月28具备通车条件。

2.3.4 机场北线高速公路

2.3.4.1 基本情况

机场北线高速公路工程西起昌平区北七家镇鲁疃村，向东跨京承高速公路、温榆河，进入顺义区，沿十三支渠北侧继续向东，跨天北路，下穿火寺路，再上跨京密路向南，经顺平路在回民营村东与首都机场北门路相接，全长11.3km（图2–50）。

图2–50 机场北线高速公路（来源：首发公司）

2.3.4.2　建设情况

机场北线高速公路工程全长11.3km，道路路基设计宽度为28m，为双向四车道加硬路肩，设计车速120km/h。全线道路共有互通式立交4座，分离立交1座，跨河桥6座，通道2座，主涵42道，泵站1座。主要工程量：道路工程总面积32.5万m^2，路基填方156.3万m^3，桥梁面积9.4万m^2。机场北线高速公路于2005年5月31日开工，2006年9月15日竣工通车。

2.3.5　京津高速公路（京津二通道）

2.3.5.1　基本情况

京津高速公路是国家公路网规划的重要组成部分，是京津两市南、北、中三条高速公路中的北通道的重要连接线。本工程起点为五环路化工桥，向南跨六环路与天津段相接，全长34.11km。其中在通黄路西侧与京津城际铁路开始共线，长度约28km，路线基本与城际铁路线位平行（图2-51）。

图2-51　京津高速公路（来源：首发公司）

京津高速公路满足了国家干线公路网络完善的需要。北京和天津是重要的干线公路枢纽城市。根据交通运输部的有关规划，未来京津之间的高速公路通道将有北通道、中通道（现况京津塘高速公路）和南通道共同组成。北通道即京津第二高速，它的实施将进一步完善国家干线公路网规划。

据预测，2027年京津通道年平均交通量将达35×104/日，仅靠京津塘高速公路、103国道、104国道根本无法满足如此大的交通量需求。因此，此项目的建设不仅是完善国家和京津地区的干线公路网的需要，对于适应京津两地未来交通发展也具有十分重要的作用。

同时，京津高速公路的建设提高了京、津两地航空客货运交通转换能力，充分发挥首都机场的主枢纽功能作用。另外，2008年奥运会足球项目部分比赛在天津进行，京津高速公路的建设为保证这些赛事的顺利进行和观众抵离提供了良好的交通条件。

2.3.5.2 建设情况

京津高速公路全线道路面积128万m^2，桥梁面积38万m^2，路基土方825万m^3。全线共设互通式立交6座，分离式立交13座，特大桥1座，跨河桥4座，通道桥23座，涵洞149座，主线收费站2处，匝道收费站11处。该高速公路设计为双向八车道加硬路肩，全线道路横断面均为整体式断面，路基全宽41m（与天津段交界局部为42m）。五环路至台湖站（桂家坟）设计车速100km/h，台湖站（桂家坟）至市界设计车速120km/h（图2-52）。

图2-52 京津高速公路台湖站（来源：首发公司）

京津高速公路工程于2006年9月1日开工，2008年6月15日竣工通车。工期目标满足合同要求；单位工程和分布工程合格率100%，单位工程优良率100%，建设项目评分96.5分。工程建设各项主要技术指标均满足设计和规范要求，达到合同文件规定的质量等级。

2.3.6 机场南线高速公路

2.3.6.1 基本情况

机场南线高速公路（京承高速公路—东六环路）工程起点位于京承高速公路黄港立交，自西向东依次跨越顺黄路、规划二路、规划四路、顺白路、京密路、规划七路、巡河路、机场高速、机场辅路、机场快轨、李天路、机场第二高速、规划壁富路、机场运油专线、六环路，与京平高速相接，道路全长17.97km。该项目还包括由首都机场T3航站楼向南连接机场第二通道的1.26km的机场南线支线工程，总长度19.23km（图2–53）。

图2–53 机场南线高速公路（来源：首发公司）

2.3.6.2 建设情况

机场南线高速公路红线宽80m。京承高速公路至机场高速公路及机场第二高速至东六环路主路布置为三上三下双向六车道加连续停车带，路基宽33.5m。机场高速公路至T3航站楼主路布置为四上四下双向八车道加连续停车带，路基宽42m。全线共有路基挖方11.86万m^3；路基填方188.49万m^3；路面85.3万m^2；桥梁总面积为51万m^2；大桥2座、互通式立交桥6座、分离式立交桥1座；混凝土管涵26座，排水明沟27539m；通道桥7座。

该工程于2006年9月6日开工，2008年6月底竣工通车。工期目标满足合同要求，单位工程和分布工程合格率100%，单位工程优良率100%。工程建设各项主要技术指标均满足设计和规范要求，达到合同文件规定的质量等级；工程建设管理，达到预期控制目标。

2.3.7 京平高速公路

2.3.7.1 基本情况

京平高速公路工程起点接机场南线终点，跨顺义和平谷两区，终点处与津蓟高速公路延长线相接，全长52.83km。该工程于2006年8月5日开工建设，2008年6月21日建成通车。京平高速公路的建成，打通了与蓟县进而与天津的快速通道，对平谷、北京、天津及环渤海经济圈的发展具有重要意义（图2-54）。

图2-54 京平高速大岭后隧道（来源：首发公司）

京平高速公路的通车实现了北京市“区区通高速”的目标。在《北京市域公路网“十五计划”及2020年长远规划》中明确提出，到“十五”末，全市10个远郊区县与市区的联系均有高等级公路(高速公路或一级公路)连接。纵观北京市路网情况，六环和京承高速公路建成后，在北京市各远郊区、县中，只有平谷县没有与市区连通的高速公路，且距市区路程较远。因此，京平高速公路的建成实现了《北京市域公路网“十五计划”及2020年长远规划》的完整性。

京平高速公路加强了与周边区域的沟通与联系。北京的经济与周边地区的经济是互补、互相依托和共同发展的关系。京平高速公路与津蓟高速公路构成北京至天津的又一快速通道，同时，还为天津开辟与承德的交通通道（津蓟—蓟平—规划夏鱼路（或京平）—七环路—京承）创造了条件，对京、津北部地区及承德的经济带来积极的影响（图2-55）。

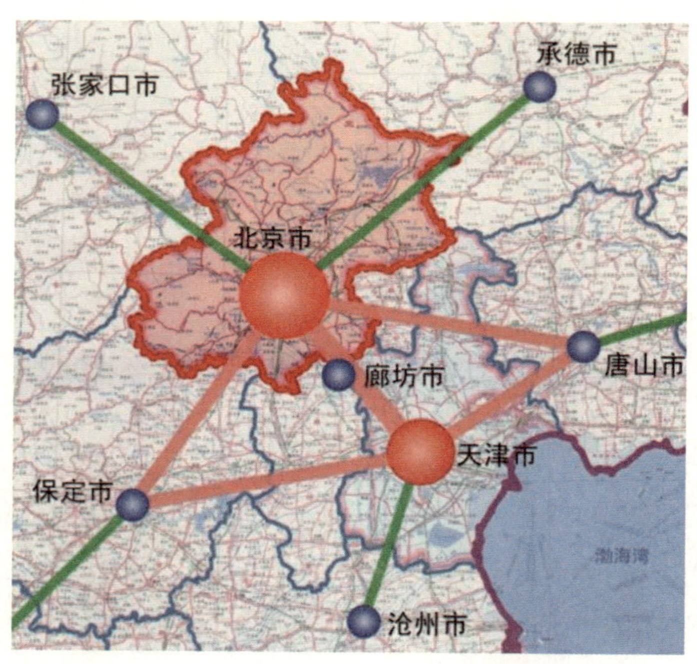

图2-55 环渤海地区示意图

京平高速公路是京津地区与环渤海开发区到达首都国际机场与天津国际港的快速通道。首都国际机场与天津国际港作为国际性客货运枢纽不仅服务于华北地区，更是国内交通枢纽的重要组成部分，同时对于环渤海经济圈的航空、航海运输的联网意义重大。京平高速公路的建成，使沿线的工业区，如顺义的北务开发区、平谷的马坊开发区等，纳入空海运输网络，有助于形成新的开发带并以此带动京津北部地区的经济发展，充分发挥首都国际机场和天津国际港在环渤海经济圈中的作用。

2.3.7.2　建设情况

京平高速公路工程中互通式立交桥11座，分离式立交桥18座；通道桥21座；跨河桥22座；隧道1座；铁路顶进箱涵1座。起点K48+500段道路位于平原区，规划红线宽度为100m，设计速度100km/h；K48+500终点段道路位于山区，规划红线宽度为80m，设计车速80km/h；起点K10+420段路基全宽33.5m，设计为六车道；K10+420～K50+500路基全宽26m，设计为四车道；K50+500终点段为分离式断面，半幅路基宽度为12.75m。主要工程量为路基挖方47.8万m^3，路基填方773万m^3，桥梁面积14.6万m^2，道路面积162.2万m^2，绿化面积128万m^2。

该工程于2006年8月5日开工建设，2008年6月21日建成通车。工程交工验收的质量评定，单位工程和分部工程优良率达到100%，分项工程优良品率达到100%，完成了质量目标要求。

2.3.8　工程建设特点

在北京市高速公路工程的建设过程中，通过广泛采用新技术、新工艺、新设备和新材料，在提高工程质量、保证工程进度、控制工程造价和环境保护方面取得了显著的成果和效益。同时，新技术、新工艺、新设备和新材料的应用也为今后高速公路建设积累了宝贵的经验。

2.3.8.1　新技术应用

（1）桥梁转体施工技术。五环路石景山南站转体斜拉桥工程为全国转体吨位最大的斜拉桥，它既是北京市第一座斜拉桥、又是第一座转体桥，其斜拉索单索应力居全国第一，它的建成填补了我市建桥史上的空白。应用桥梁转体施工技术，节省工程建设费用约2600万元，降低了对国家铁路运输干线的干扰，减少运营损失费960万元以上，同时缩短了6个月的建设工期。《转体法施工的曲线斜拉桥关键技术研究》课题的研究也荣获北京市科学技术进步一等奖。

2008年建设的西六环路丰沙桥在22m高的桥墩上成功实施转体，再次创造单铰转体法施工桥梁重量15000t的世界纪录（图5-56）。

（2）绿化新技术的采用。采用客土喷播立体绿化技术，进行山体岩石坡面绿化，既稳定了山坡，又保护生态环境。在京承高速公路二期李家史山段路堑采用了“植生袋”坡面绿化技术，起到了恢复生态绿化、美化环境的目的（图2-57）。

图2-56　西六环路丰沙桥转体施工（来源：首发公司）

图2-57　京承高速公路二期绿化（来源：首发公司）

（3）新结构的采用。在首都机场T3航站楼前面的机场南线收费站，利用大跨度索膜技术建造的收费大棚，结构新颖、造型美观、现代感强（图2-58）。

图2-58　机场南线高速公路收费站（来源：首发公司）

（4）太阳能供电技术应用。对远离电源的高速公路外场设备，采用太阳能供电技术，与传统的电缆直接供电方式相比，具有以下优点：保护自然环境、减少能源损耗，减少电缆盗失风险、降低建设及运营成本，施工简单、便于安装与维护等（图2-59）。

图2-59　太阳能供电技术（来源：首发公司）

2.3.8.2　新材料推广使用

（1）北京高速公路沥青路面表面层广泛应用改性沥青SMA混合料、中面层掺加抗车辙剂，提高了沥青路面的抗车辙能力和使用寿命（图2-60）。

图2-60　八达岭高速路面施工（来源：首发公司）

（2）在桥面混凝土中添加聚丙烯纤维，大大提高了桥面混凝土的抗折强度和抗渗性能。

（3）在桥梁结构中采用RI-IC2阻锈剂，提高桥梁混凝土抗腐蚀能力。

（4）在高速公路中央隔离带，采用自主研发的仿生型抗风自洁式防眩板，既起到了防眩作用，还能美化环境，降低养护成本。该防眩板产品已获得实用新型和外观设计两项专利，广泛应用于京承高速公路、京平高速公路、京开高速公路、五环路、六环路等多条高速公路（图2-61）。

（5）用新型隔声材料建造的隔声屏障，既满足隔音效果，又降低造价。SFB-D高强水泥基轻质复合吸隔声板是绿色环保的隔声产品。该产品应用于京津第二高速公路（图2-62）。

图2-61　新型防眩板（来源：首发公司）

图2-62　新型隔声屏障（来源：北京市交通委路政局）

（6）在小型构件方面推动采用了道牙、方砖挤压生产工艺，解决抗冻融问题，全面推动了现浇防撞墩施工技术，为解决防撞墩冻融问题、提高结构质量打下良好的基础。

（7）在五环路工程和京石路大修工程中，使用优质881金属防腐涂料和ZY-S高渗透性带锈防锈漆，这两种材料具有抗腐蚀能力强、抗老化能力强、耐久性好的特点，能很好地提高钢梁抗腐蚀能力和减少日常的维护工作量（图2-63）。

图2-63　五环路肖家河桥（来源：首发公司）

（8）在京平高速公路建设过程中，采用了岩沥青改性沥青混合料（AC-20C），具有抗车辙、抗剥落、抗老化、抗高温等特性。京平高速公路试验段采用该种沥青混合料，摊铺全过程符合相关要求，获得了一些基本数据和施工经验。从造价上预测分析，与SBS改性沥青相比，可节约成本15%。在京平高速公路上，还开展了高性能沥青路面方面的研究和探索，使用Superpave沥青混合料，在该原材料质量控制要求、碾压温度、碾压方法等方面取得了一定的数据和经验。在京平高速路的大岭后隧道，采用了4cm厚SMA-13改性阻燃沥青，提高了路面的阻燃效果（图2-64）。

图2-64 京平高速公路路面（来源：首发公司）

（9）在西北六环路工程上，K7+000～K19+700段采用了法国的PR抗车辙剂，同时通过适当延长拌和时间等各种技术工艺措施，提高了沥青的质量，取得了较好的经济、技术效果。同时在施工工艺上，采用复合载体扩顶夯扩桩技术处理桥头路基，该技术为享有国家专利的低级处理技术，其经济指标相对较低，并可消化掉一些建筑垃圾，符合绿色环保节能降耗的发展方向。在路面结构方面，西北六环路项目尝试了路面结构内排水技术的应用，具体做法是在路面边缘雨水汇集区，内置集水盲管，并设反滤层；在路缘石下铺设无砂混凝土，增加透水效果，并加设透水孔，使路面内积水侧向排出（图2-65）。

图2-65 西六环路施工（来源：首发公司）

2.3.8.3 新工艺、新设备应用

（1）针对工程建设中出现的不良地基和桥头高填方路段，通过使用CFG桩、强夯、夯扩挤密桩、蓝派冲压等综合技术处理措施，并采取路基填方压实度标准提高一级的质量控制方法和桥梁伸缩缝反挖槽嵌入法施工工艺，确保了路基填方的密实和稳定，避免了桥头跳车和高填方路基沉陷现象等质量通病的发生。

（2）五环路二期B段在红山口高架桥中使用了新型拉力支座，并在此单跨70m、全联201m的大跨径箱梁模板支撑上，成功地使用军用大型组合桁架梁做桥梁上部箱梁支撑。排架基础针对地质情况采用嵌岩桩技术处理，形成了一套完整的模板拆装支撑体系。

（3）为减少孔道摩阻、预防"预应力孔道压浆不实"的质量通病，在京山铁路高架桥、京开立交匝道桥、黄亦路东桥连续箱梁中采用真空灌浆塑料波纹管替代传统的金属波纹管，该技术以专门的压浆设备及工艺，造成塑料波纹管中的负压力，以保证压浆密实。

（4）在京沈高速路上首次采用MR美加瑞尔桥梁伸缩缝的现场工艺试验工作，为解决高速公路不中断交通情况下更换桥梁伸缩缝养护工作积累了经验。

（5）京密引水渠桥采用钢模与聚乙烯防渗薄膜组合的渡槽导流新工艺，解决了导流围堰施工对河道水质的污染。

（6）五环路二期工程圆明园西路和宛平城拉槽段侧墙施工中，采用特别定制组合大型钢模板与微膨胀水泥混凝土技术，减少外露大体积混凝土表面的收缩裂缝。

（7）在京津高速公路工程上采用了先简支后连续小箱梁的施工工艺，有效地避免了以往桥面连续开裂的问题，改善了车辆行驶的平稳舒适性。同时为了提高单桩承载力，节约工程造价，还采用了旋挖灌注扩头桩技术，比普通等截面钻孔灌浆桩节省桩长6～8m，单桩极限荷载力提高了1.4～3.0倍，节约工程造价约20%。

2.4 郊区公路

2005年，随着奥运筹备工作进入实质阶段，北京交通部门确立了"统筹城乡、服务奥运"的郊区公路发展思路，制订了郊区公路建设改造综合计划，计划用3年的时间、投资110亿元人民币，以"提级改造、安保建设、村村通油路、街坊路"等为工作重点，全面提升郊区公路的数量、质量、环境和服务水平，实现"安全、环保、舒适、和谐、耐久"的既定目标，为奥运会残奥会的举办提供一个安全、舒适的郊区公路环境。

2.4.1 郊区公路提级改造

确立郊区公路提级改造目标以后，北京交通部门从改变设计理念、建设示范工程入手，选择了有代表性的国道101线、104线、107线、110线、111线以及市道顺平路、通顺路、南雁路、滦赤路和怀昌路等10条公路作为实施新理念的示范工程，实施安保、绿化等综合改造工程，完善交通标线，美化路容，增设观景台、厕所等服务设施（图2-66、图2-67）。

图2-66　顺平路大修图
（来源：北京市交通委路政局）

图2-67　111国道提级改造
（来源：北京市交通委路政局）

同时加大提级改造实施力度，共实施郊区公路新改建1100km、路面大修1300km、旧桥改造180座、旅游公路574km、乡村公路1500km、综合整治3226km。到2007年底，圆满完成7700km的郊区公路提级改造工程战略目标,提高了郊区公路整体技术和服务现代化水平。公路等级显著提高，一级公路达到812km、二级公路达到2973km，二级以上公路占全市公路网里程从2004年的22%提高到30%，路网密度由原来的87km/100km^{2}提高到92km/100km^2。

全市公路网平均好路率从2004年的78%提高到2007年的85%，见表2-3。公路安全保障能力加强，县级以上公路桥梁消灭四类桥，一类、二类桥梁的比率由2004年的75%提升到85%，完成国、市道重交通干线上设计荷载等级低于汽—15的79座桥梁的提级改造，消除700余处山区公路危险点段，山区公路安全防护设施达到交通部的部颁标准。

表2-3　全市公路网平均好路率年度对比

年　度	国道（%）	市道（%）	县道（%）	总计（%）
2004	83	81	76	78
2005	85	83	78	80
2006	87	85	80	83
2007	90	87	82	85

2.4.2　“村村通油路”

从2003年开始，按照“城乡交通一体化”的发展思路，北京市开始实施“村村通油路”工程,以提高县、乡级公路通达深度和服务水平，为社会主义新农村建设提供交通保障。

2003年，完成村村通油路工程752km，通达行政村208个，通州、顺义、大兴、昌平4区率先实现村村通油路；2004年，完成村村通油路工程700km，通达行政村216个，怀柔、房山2区实现村村通油路；2005年，完成村村通油路工程341km，通达行政村88个，密云、平谷、门头沟、延庆4个区县实现了村村通油路。到2005年低，共新建通村油路1793km，连通了512个行政村，至此，北京市全部3978个行政村均修建了沥青路或水泥路，在全国率先实现“村村通油路”的目标。图2-68和图2-69是在村村通油路中建成的平谷区玻璃台路和黄关路。

图2-68　玻璃台路（来源：北京市交通委路政局）

图2-69　黄关路（来源：北京市交通委路政局）

2.4.3　安保工程

从2004年起，按照交通部的部署，对全市范围内的公路实施安保工程，先后以国道109线北京段、国道111线北京段进行了试点，取得了良好的效果。通过路面的加宽、安保设施的完善、边沟的浅碟式处理、回头曲线视距的改善和与优美自然环境结合，使改造后的国道行车更加舒适安全，观景更加方便，服务设施更加健全，其中国道109线北京段安保工程还被推荐为全国公路安保工程的示范工程（图2-70）。

图2-70　109国道永定河沿溪段缆索护栏（来源：北京市交通委路政局）

截止2006年年底，全市安保工程实施里程达到3667km，占全市国省干线公路里程的65.5%，安保工程的实施，极大地提升了全市公路的安全服务水平。

2.4.4 街坊路

街坊路是村村通公路建设向村内街道的延伸，是“新农村建设”的重要组成部分，是实现将公路修到农民家门口的重要举措。从2005年开始，全市开始实施街坊路工程。

2005年，北京交通部门选择了通州区台湖镇和门头沟区潭柘寺镇为试点，在试点的基础上当年完成了10个乡镇、39个村、25万m^2的村内街坊路建设。至2006年年底，对13个近、远郊区县共计79个村、313万m^2的街坊路进行了改造建设（图2-71）。

图2-71　街坊路（来源：北京市交通委路政局）

3 轨道交通建设

3.1 轨道交通总体情况

轨道交通凭借其运量大、快速、准点、低能耗、少污染和乘坐舒适方便等优点，在城市公共交通发展中担负着越来越重要的角色。大力发展轨道交通，既是调整城市空间结构、优化交通出行结构、建设综合交通运输体系的重要手段，也是建设资源节约型、环境友好型社会的重要方式。

早在 1969 年 10 月，北京市就建成通车第一条地铁线路，是我国最早拥有地铁线路的城市。但在此后的 30 多年里，北京市轨道交通的建设发展缓慢，到 2000 年，北京市只有 1 号线、2 号线 2 条里程 54km 的地铁运营线路，滞后于城市化进程和机动车发展水平，远远落后于发达国家同等规模城市的轨道交通发展水平。

2001 年，北京市获得 2008 年第 29 届奥运会主办权，以筹办奥运为契机，北京轨道交通建设迎来了加速发展期。在 7 年筹办时间里，北京市在发展轨道交通方面投资力度逐年增加，先后建成通车了城铁 13 号线、八通线、地铁 5 号线、10 号线（一期）、奥运支线 (8 号线一期) 和首都机场快轨。

随着 2008 年 7 月 19 日地铁 10 号线（一期）、奥运支线 (8 号线一期) 和首都机场快轨三条新线的通车试运营，北京市轨道交通运营线路达到 8 条、总里程 200km，为奥运会残奥会的成功举办提供了交通基础设施保障，也为首都城市交通可持续发展奠定了坚实基础（图 3-1）。

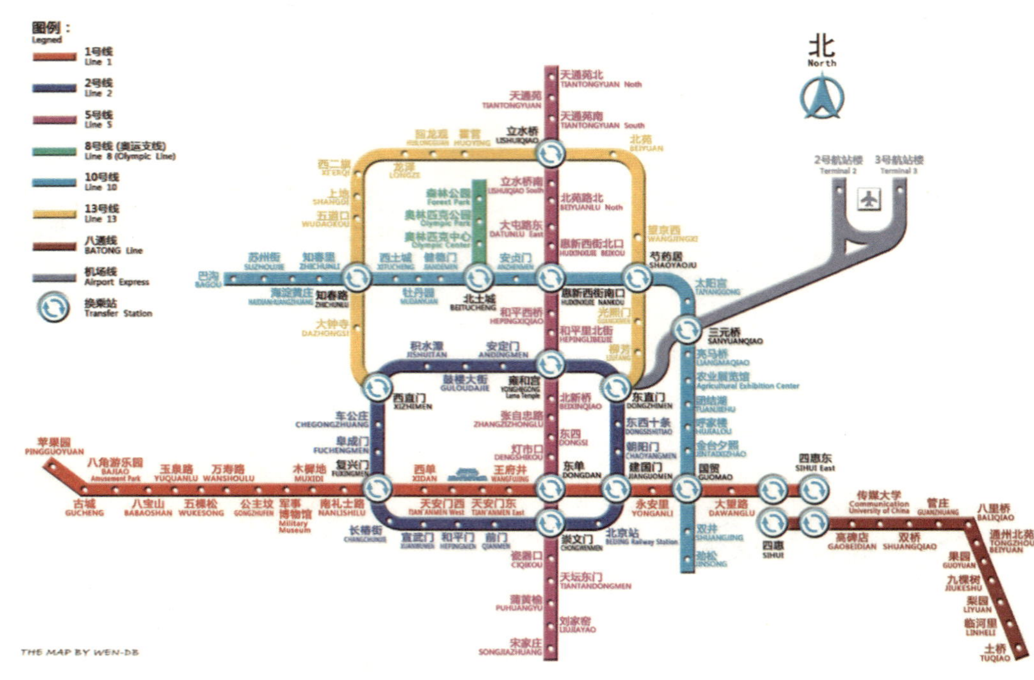

图3-1　奥运会前投入运营的北京地铁线路示意图（来源：www.sina.com.cn）

3.2　重点地铁新线基本情况

依据北京申奥承诺，到2008年奥运会开幕前北京轨道交通运营线路至少要达到7条、总里程超过191.9km。按照“兑现庄严承诺、满足奥运需求”的工作思路，北京市重点抓好地铁5号线、10号线一期、奥运支线（8号线一期）和机场快轨等轨道交通线路的建设。

3.2.1　地铁5号线

地铁5号线北起太平庄，南至宋家庄，全长27.6km。共设23座车站（其中地下车站16座，地上车站7座），1座车辆段和1座停车场。地下线16.9km，占全线长度的61%，地下车站16座；地面及高架线10.7km，占全线长度的39%，高架车站5座，地面车站1座。工程于2002年12月开工建设，2007年10月7日通车试运营（图3-2）。

图3-2　地铁5号线线路示意图（来源：地铁建设管理公司）

5 号线是 2015 年前规划的北京轨道线网中 5 条南北向的第一条，与已建成的地铁 1 号线、2 号线、13 号线和奥运前通车的 10 号线一期实现换乘。

3.2.2 地铁10号线一期

地铁 10 号线一期是赛时通过奥运支线（8 号线一期）连接奥林匹克公园与其他场馆的重要轨道交通线路，在奥运交通保障方面起着举足轻重的作用。地铁 10 号线一期线路起点为万柳站，终点为劲松站，正线全长 24.65km，全部为地下线，共设 22 座车站，这是继北京地铁 2 号线之后的又一条半环线，与大部分已建成的地铁线路和规划中的地铁线形成交叉换乘。工程于 2003 年 12 月开工建设，2008 年 7 月 19 日通车试运营（图 3-3）。

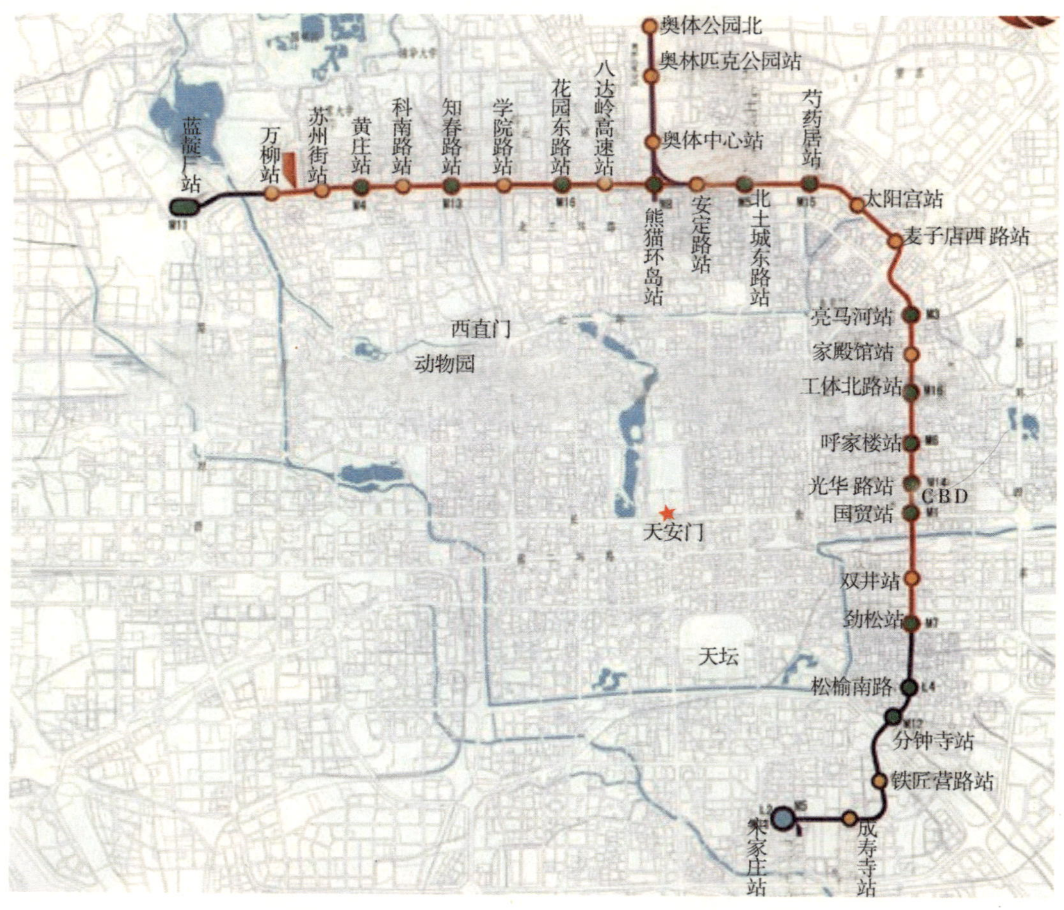

图3-3 地铁10号线一期线路示意图（来源：投资北京）

线路北段主要沿巴沟路、海淀南路、知春路、北土城西路、北土城东路、太阳宫大街由西向东，在东段沿机场路、东三环路由北向南，连通了北京市重点发展的中关村地区、奥林匹克公园地区和北京商务中心区（CBD）等重点功能区。地铁10号线一期工程22座车站中有13座换乘车站，其中奥运前实现6座换乘站，分别与地铁1号线在国贸站换乘，与城铁13号线在知春路站、芍药居站换乘，与地铁5号线在惠新西街站换乘，与同期建设的奥运支线在北土城站换乘。

在奥运会期间，观众通过乘坐地铁10号线一期非常方便地从城市各个方向到达奥林匹克公园。

3.2.3 奥运支线（8号线一期）

奥运支线（8号线一期）起于北中轴路的熊猫环岛，沿北中轴路向北延伸，穿北土城路、民族园路和北四环路后进入奥林匹克中心区，穿过国家体育场，沿中轴线广场继续向北，经成府路、中一路、大屯路、北一路、辛店村路后，止于奥林匹克森林公园的奥海南岸（图3-4）。

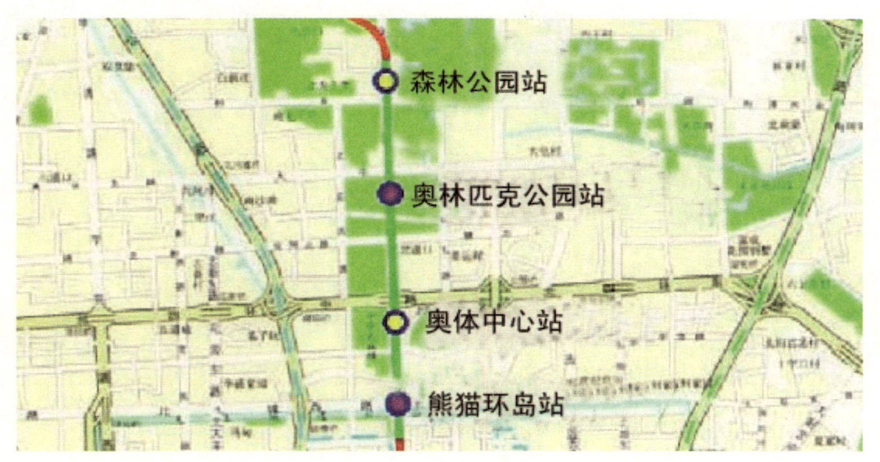

图3-4　奥运支线（8号线一期）线路示意图（来源：bjjs.beijing.cn）

线路全部为地下线，全长4.53km，由南向北设北土城站、奥体中心站、奥林匹克公园站、森林公园站4座车站，其中熊猫环岛站为与地铁十号线的换乘车站。

奥运支线是北京地铁线网规划中地铁8号线的一段，是为2008年北京第29届奥运会专门修建的轨道交通线路。在奥运期间，奥运支线列车行车密度为20对，高峰小时客流量达到近3万人次/h，客流密集区段为北土城——奥林匹克公园站区段。

3.2.4 机场快轨

机场快轨是申奥承诺中的一条重要轨道交通线路。作为连接中心城区与首都机场之间的快速客运专线，机场快轨在奥运赛时担负着为奥林匹克大家庭成员、各国家（地区）体育代表团、国内外贵宾、观众以及旅游者等提供方便、快捷运输服务的功能（图 3–5）。

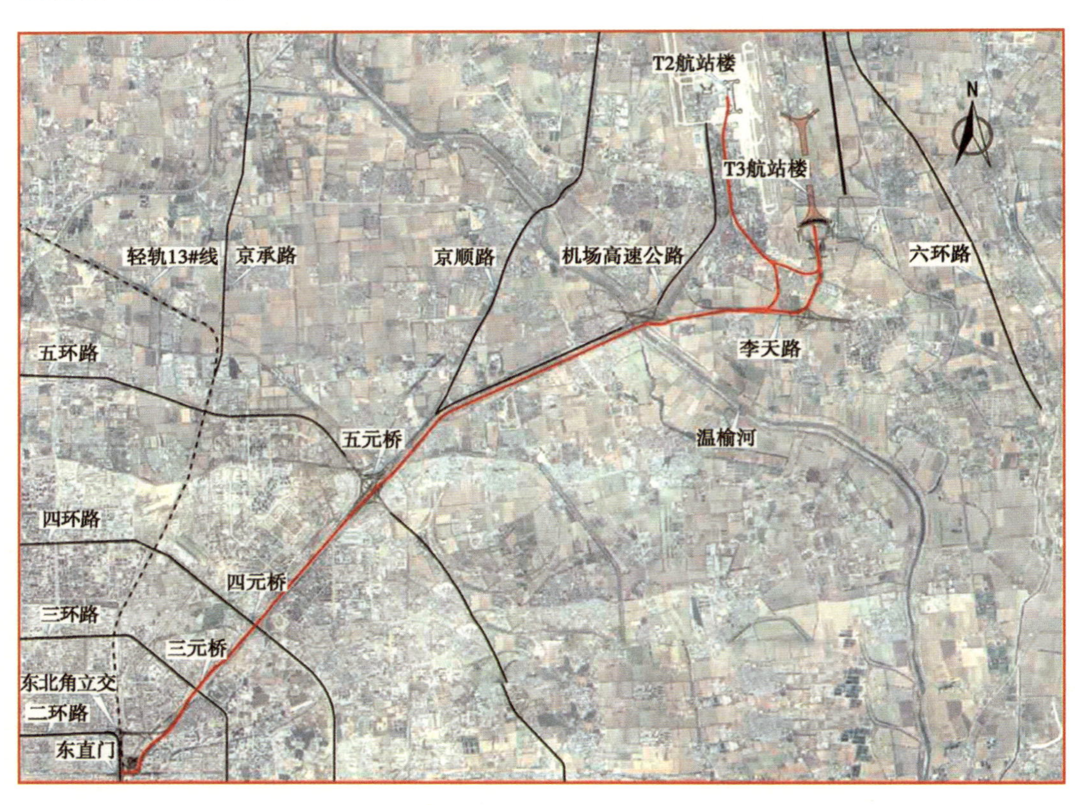

图3–5 机场快轨线路示意图（来源：www.csnd.net）

机场快轨的起点为东直门，止于首都机场，沿东直门外大街、东外斜街穿三环路，在机场高速路与京顺路之间的绿化带出地面，上跨四元桥，至五元桥下穿京包铁路及机高速路，沿机场高速向机场方向延伸，至李天路分岔，线路分成“Y”字形，两条支线分别通往首都机场 T2 航站楼及 T3 航站楼。线路正线全长 28.1km，其中高架线 16.14km，地下线 9.76km，地面线 2.2km，共设东直门、三元桥、T2 航站楼、T3 航站楼四座车站和一座车辆基地。机场快轨工程于 2005 年 6 月开工，2008 年 7 月 19 日，正式开通试运营。

3.3 工程建设情况及特色

3.3.1 工程建设情况

以地铁 5 号线、10 号线、奥运支线和机场线为例，地铁工程建设系统中各重点子系统的建设情况介绍如下。

3.3.1.1 供电系统情况

地铁 5 号线供电系统采用 10kV 分散供电方式，全线 AC10kV/DC750V、10/0.4kV 牵引降压混合变电所 14 座、10/0.4kV 降压变电所 15 座（含 4 座跟随式降压变电所）。地铁电动车组的受电方式为通过 DC750V 钢铝复合接触轨上部受流（图 3-6）。

图3-6 供电系统（来源：地铁建设管理公司）

10kV 供电方式为双环网供电方式，高压电缆为双进双出，变电所 10kV 高压侧采用单母线分段接线，直流 750V 母线采用单母线加备用母线接线方式。牵引网为双边供电方式，一所出现故障时，单边供电或越区供电。在北京地铁供电系统首次应用 10kV 线路差动保护，保护之间的通信介质采用光纤。

DC750V 牵引供电系统在区间、停车场和车辆段设回流箱连接走行轨和变电所 DC750V 负母线，设均流箱和均流电缆连接左、右线走行轨，并接至牵引所内轨电位限制装置中。DC750V 牵引供电系统设杂散电流防护，变电所设排流柜，区间设参考电极测防点。无混合所的车站设降压变电所，每个降压变电所设两台配电变压器，满足车站动力、照明等多项用电负荷的要求。在太平庄北、立水桥北、惠新西街、天坛东站各设置一台变电所电容储能装置，以保证线路电压稳定。该技术为国内首次采用。

继电保护装置采用微机型保护测控综合单元，并采用多 CPU 结构方式，以实现保护、信息采集与控制、通信等功能，与变电所综合自动化系统的接口方式均采用数字通信接口。

3.3.1.2　通信系统情况

地铁 10 号线和奥运支线工程的通信系统由传输、无线、专用电话、公务电话、闭路电视监视、广播、时钟、通信电源及接地 8 个子系统组成。

（1）传输子系统。基于光纤的宽带综合业务数字传输网络，为各种业务信息提供多种宽窄带传输通道（包括透明通道），构成传送语言、文字、数据和图像等各种信息的综合业务传输网，在每个车站、指挥中心、车辆段和停车场设置 OTN 光数字传输设备，与架设在线路两侧的光缆组成环路网络。光传输系统容量为 2.50Gb/s，采用自愈环保护工作方式，系统工作波长 1310nm。光电缆地下段敷设在隧道侧墙的电缆托架上，地面及高架段敷设在线路两侧的通信电缆槽内。

（2）无线子系统。采用数字集群通信方式。无线通信系统采用 800M 频段 TETRA 数字集群设备，该系统包括五个系统：行车调度、防灾调度、车辆段调度、停车场调度、维修调度。数字集群系统采用单交换机 + 多基站的方式构成。控制中心设置无线交换控制设备、调度台、网管设备及其他附属设备，地下车站站台及地下区间采用漏泄同轴电缆覆盖，每个隧道一条，地下车站站厅小天线覆盖；车辆段采用天线空间波覆盖。

（3）专用电话子系统。专用电话系统主要由设在控制中心的数字程控调度交换主系统设备和设于各车站、车辆段及停车场的数字程控调度分系统设备组成，包括调度电话、站内电话、站间电话、专用维修电话（图 3–7）。在主、备控制中心分别设置一套调度专用主机，此两套调度专用主机间进行数字通道互联，在每个车站及停车场共设置数字程控调度分系统设备。根据列车运行组织和业务管理、指挥的需要，设置五种调度电话：行车调度电话、电力调度电话、防灾调度电话、AFC 总调电话、AFC 票务调度电话。

（4）公务电话子系统。共设置三个程控交换机，在控制中心、车辆段信号楼和停车场信号楼各设一个，三个点的交换机通过光传输设备两两相连。在各车站设置

图3-7　专用电话子系统（来源：地铁建设管理公司）

带交换功能的远端模块，通过光传输设备与所属的控制中心、车辆段及停车场交换机采用星型连接。车站小交换机之间应有中继通道相连，并首尾相连。程控交换机与其所辖带交换功能的远端模块（或小交换机）之间的连接通道为 2Mb/s（E1）。

（5）闭路电视监视子系统。由控制中心和备用控制中心调度员的行车监视、防灾监视、环控监视、AFC 监视、电力设备监视，车站值班员客运管理监视和防灾监视两大部分构成。采用控制中心远程监控和车站本地监控方式，组成一个完整的闭路电视两级监视网络。闭路电视监视系统由图像摄取、图像显示及录制、车站控制处理、两个中心控制处理及显示、视频信号传输、网管等设备组成。图像的摄取范围为每个车站的站台、站厅、自动扶梯、变电所变压器室及 10kV 开关柜室等处，还覆盖了 AFC 的售票机和闸机。

（6）广播子系统。系统包括三个相对独立的部分——正线广播系统、车辆段广播系统及停车场广播系统。正线广播系统由控制中心设备、备用控制中心设备及车站设备组成。车辆段广播系统是独立的系统，只接受控制中心网管的管理。当车站或车辆段停车场库内发生火灾等灾难时，广播系统兼做防灾广播。

（7）时钟子系统。系统采用控制中心与车站 / 车辆段两级组网方式。由中心母钟（一级母钟）、车站 / 车辆段（备用中心）母钟（二级母钟）、时间显示单元（子钟）

及传输通道、接口设备、电源和时钟系统网管设备组成。中心母钟（一级母钟）从GPS接收外时钟源，通过传输设备传送至车站/车辆段（备用中心）母钟（二级母钟），单元（子钟）时钟信号从二级母钟接引。

（8）通信电源及接地子系统。由电源切换配电柜、UPS、高频开关电源、蓄电池组、电源集中监控系统构成。在各车站、车辆段及停车场的电源机房内各设置UPS电源设备一套（含免维护电池一组）和高频开关电源设备一套（含免维护电池二组），在控制中心设置高频开关电源设备一套（含免维护电池二组），UPS电源由供电专业提供，从而实现对各类通信设备的统一供电。车站、车辆段及停车场采用三进三出在线式UPS。UPS电源给通信系统的交流用电设备供电，高频开关电源给通信系统的直流用电设备供电。

在地铁10号线和奥运支线（8号线一期）还配备了集中告警子系统。通信系统在控制中心设置集中告警设备，采集、显示、存储并打印通信各系统的故障告警信息。通信集中告警设备能对通信各系统的运行状况进行24h不间断信息采集，当通信各系统的维护管理终端向集中告警设备发送故障告警信息时，集中告警设备可以屏幕显示告警信息并发出声音告警信息，记录下收到的故障信息保存到数据库中。

3.3.1.3　车辆技术情况

（1）地铁5号线车辆：

地铁5号线车辆项目技术含量高、质量要求高，车辆数量大，交货时间短，引进日本第三代轻量化不锈钢车体，采用全新不锈钢非涂漆车辆（图3-8）。

图3-8　地铁5号线车辆（来源：地铁建设管理公司）

车辆采用IGBT元件的静止逆变器辅助供电系统、列车监控系统、ATO/ATP信号系统，具有客室应急通风功能、全电制动停车控制功能和自动折返功能；采用成熟完善的旅客信息系统、无速度传感矢量控制技术，前端采用能量吸收结构，提高了安全性能；采用特殊降噪装置，比以往车辆噪声更低。

（2）10号线、奥运支线（8号线一期）车辆：

地铁10号线和奥运支线车辆列车设计采用车钩压溃管吸能、车体前端变形区吸能等四级能量吸收结构，满足列车吸收25km/h速度撞击能量的要求（图3-9）。

图3-9　地铁10号线、奥运支线车辆（来源：地铁建设管理公司）

车辆采用性能优良的悬臂式车钩缓冲装置；列车前端设置紧急疏散门；驾驶室采用手动塞拉门；客室采用宽大贯通道、大窗和悬臂式座椅结构设计。

列车采用性能优良的国产空调机组和进口幅流风机，客室内设置强迫废排装置，驾驶室采用风量可调的送风单元，同时空调系统具有紧急通风功能。

转向架采用规范的B形车用无摇枕转向架，转向架的设计优先选用成熟结构，充分考虑到用户的使用，便于维护、检修。

列车还首次采用了性能先进的EP2002制动系统，首次实现东洋电机的牵引系统、辅助系统、EP2002制动系统与列车网络系统的集中控制。在不锈钢车辆上实现了车体结构、车体内装、车下吊装等各主要系统设备的模块化设计方式，便于检修和部件的更换。同时在模块化设计的基础上，车体结构设计首次采用了德国DIN6700焊接标准。

3.3.1.4　自动售检票系统（AFC）情况

在北京市轨道交通AFC系统规划建设过程中，地铁5号线工程在AFC系统收费制式、系统组成架构、系统功能定位方面具有重要的里程碑作用。一是首次采用全非接触式 IC 卡 AFC 系统进行自动计费；满足联网运营需求，实现乘客在路网内无障碍一票换乘，满足一卡通在路网内的统一应用，实现不同线路间的互联互通。二是自动售票机具备发售单程票和对储值票充值的功能：以自动售票为主，半自动售票为辅方式进行售票；便携式检票机具备验票及检票功能。三是半自动售票机以售票为主，部分半自动售票机兼顾补票的功能，从而大大减少了专用补票设备数量，更好体现了减员增效的设计指导方针。

地铁 10 号线一期和奥运支线（8 号线一期）工程 AFC 系统主要体现在：对车站售检票终端设备配置，采用运筹学中排队论的方法对设备配置数量进行验算，得出等待时间和队长，以帮助更合理的确定设备配置数量，优化设备布置并减少乘客的等待时间。售检票设备布置设计充分考虑减少客流交叉：优先减少付费区内的客流交叉；优先减少换乘客流与出站客流的交叉；让出站检票机沿出站客流方向等原则进行科学布置，以提高每台设备的利用率。将售票房作为一个单独的项目进行设计并采购，达到全线一致的目标，且售票房的设计在最大程度上实现了模块化互换和可移动的功能。

3.3.2 工程特色

3.3.2.1 地铁 5 号线

地铁 5 号线建设施工中为降低施工风险，提高施工效率，在北京轨道交通建设史上首次采用了盾构施工法，总长近 17km 的地下线路中，47% 区间都由盾构机完成 (图 3-10)。

图3-10　5号线盾构施工（来源：地铁建设管理公司）

3.3.2.2　地铁 10 号线一期

落实“人文奥运”理念，突出以人为本，地铁 10 号线一期规划建设了完备的无障碍系统，在北京地铁线路中首次设置直通地面的垂直电梯等，方便残疾人和老弱病残人士乘坐地铁，并第一次采用了完整的移动闭塞 CBTC 系统，实现精确的定点停车及完全防护的列车双向运行模式（图 3–11）。

图3–11　地铁10号线辅轨施工（来源：地铁建设管理公司）

首次在北京地铁车辆实现了大批量车的网络控制技术。信息传输量大，速度快捷，控制精度高，可实现全车信息共享。列车车体设有撞击能量吸收区、防爬装置、紧急疏散门及紧急通风系统，使列车在紧急情况下确保乘客安全。自动售检票系统满足网络化运营的要求。

3.3.2.3　奥运支线（地铁 8 号线）

奥运支线是国内第一个采用 BT（建设—移交）模式融资建设的轨道交通线路，在地铁投资多元化方面进行了一次有益的探索和创新（图 3–12）。

图3-12　地铁8号线车站（来源：地铁建设公司）

奥运支线车站景观规划建设采用了与以往地铁车站设计不同的艺术设计手法，车站与奥林匹克公园总体景观达到完美统一。

3.4　典型工程案例

3.4.1　地铁5号线崇文门站穿越2号线区间工程

崇文门站采用浅埋暗挖法施工，车站与既有地铁 2 号线崇文门站东端区间立交，并从其下方穿过。该站结构为双柱三跨岛式暗挖车站。车站为端进式，两端为双层结构，地下一层为站厅层，地下二层为站台层；中间为单层结构，系站台层。既有 2 号线（环线）区间底板与车站单层断面顶部净距仅为 1.98m（图 3-13）。

图3-13　地铁5号线开工（来源：地铁建设管理公司）

地铁 5 号线崇文门站下穿既有环线，施工难点主要体现在：

（1）新建车站近距离（净距 1.98m）暗挖下穿既有地铁环线区间，必须保证既有地铁的结构和运营安全；

（2）新建隧道断面大，以 24.2m × 11.42m 的大断面下穿既有环线，相当于在既有环线下修建三、四层高的楼房。如此大的断面和开挖量，施工工序多，结构受力情况转化复杂，使得对周围地层和既有地铁的变形控制十分困难；

（3）根据国内目前浅埋暗挖车站的修建经验，大跨车站施工引起的地表沉降通常为 80 ~ 120mm，甚至更大，而既有地铁结构允许最大沉降值为 40mm，控制标准严格，增大了工程的难度；

（4）既有地铁结构的变形缝正好处在新建结构上方，易发生差异沉降，影响既有线的运营安全和变形缝防水的破坏；

（5）既有地铁运营至今已经超过 35 年，结构性能存在一定的劣化，难以承受较大的附加荷载和变形；

（6）施工场区地层条件复杂，由于过去施工对地层的扰动，局部地层存在地质缺陷，土层松软；根据既有环线的施工记录，既有线下可能存在回填的建筑垃圾，进一步增加了施工的难度。

国内外类似工程较少，在既有线下修建大断面的地铁车站更是未见报道，可供参考的类似工程经验匮乏。在各方努力下，针对该项目特点开展技术研究，取得多项科研成果，对工程具有重大指导意义，并在工程建设中顺利实施，保证了新建崇文门站的施工安全和工期，同时也保证了既有地铁环线的运营安全。

按照科研成果，对既有地铁构筑物现状进行了安全性检测与评估，为后续既有线的技术工作打下了基础，最终保证了既有地铁结构稳定和安全运营。在工程建设中应用了变位分配方法，实现了施工过程控制，及时确定了必要的施工纠正措施，保证了既有结构的沉降控制在允许范围内。率先应用 ϕ600 超前管幕技术，防止土体坍塌，控制土体变形，扼制砂层砂土流失。

按照科研成果提供的洞柱法分步施工技术，减小开挖断面，控制开挖影响范围，快速施作永久承载结构，有效控制最终沉降量等措施，保证了大跨度车站施工环境好，最终安全、按期、保质完成了大跨度、近距的隧道施工。

根据科研成果的远程自动化监测技术，24h 监测既有线结构和轨道变化情况，自动化采集有限的各种变形信息并及时分析反馈给相关单位，满足了安全监测和信息化施工的需要。光纤量测技术监测管棚的应力和应变，分析管棚在施工过程中的受力和变形情况，从而了解土层的变位，达到了解控制目标变化的目的。水平测沉降变形技术与光纤量测相呼应，随时测量管棚在各施工阶段的沉降变形情况，分析管棚在施工中的作用以及与土层变位的同步性，确保了管棚施作的安全与施工过程中沉降量的控制。根据研究成果中的控制注浆纠正沉降技术，采用适宜的浆液，合理的孔位布设和注浆参数，进行了多次有效的控制注浆，减小了既有线的沉降，对既有线的变形进行了适当恢复。既有环线地铁隧道结构最终沉降控制位为 16.75mm（最大沉降值），满足了控制标准值 40mm 的要求，实现了既有线路沉降的有效控制，保证了既有结构的安全和既有线路的正常运营。

3.4.2 地铁5号线蒲黄榆—天坛东门区间工程

地铁 5 号线蒲黄榆—天坛东门区间段处于三环路以内，沿蒲黄榆路向北穿越玉蜓桥、南二环路、京沪铁路、南护城河后到达天坛东门站。浦黄榆站—天坛东门站区间全长 1690.5m，由左右正线和渡线构成。

地铁天坛东门站位于天坛东路与体育馆路丁字路口南侧，天坛公园东门口南侧。

车站全长 186.3m，为地下双层岛式车站，主体为三拱两柱双层结构。车站设四个人行通道、出入口（其中西南出入口为预留）、两个风道及风亭，分别在车站的西北角和东南角（图 3-14）。

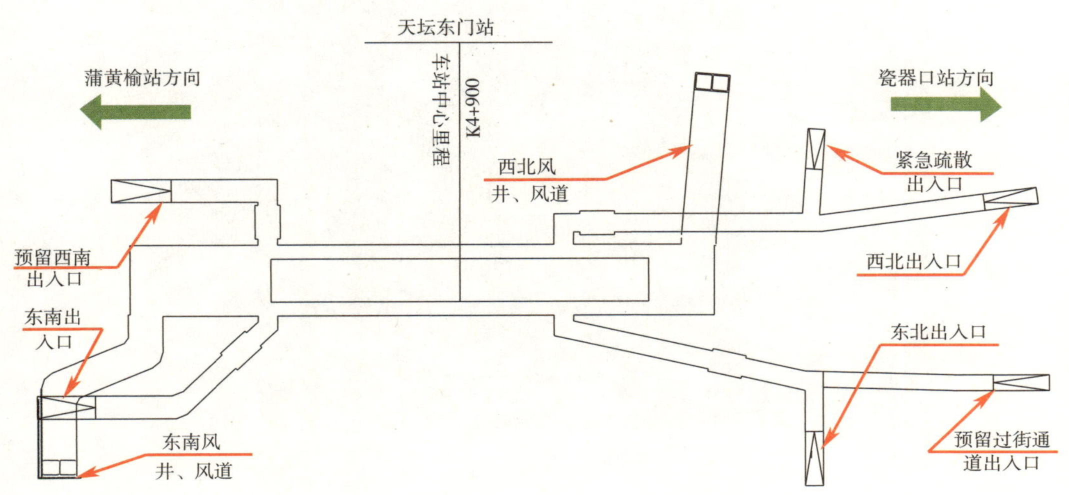

图3-14　天坛东门站主体平面图（来源：地铁建设管理公司）

北京地铁 5 号线天坛东门站和浦黄榆—天坛东门站区间工程，不仅存在松散含水砂层的复杂地质，三拱两柱双层复杂车站结构，行车、折返多功能区间大跨隧道，还遇到了穿越玉蜓立交桥、京沪铁路、南护城河、南护城河桥、人行天桥和天坛坛墙古文物，以及热力管道、电力管沟和其他地下管线网众多施工难题，仅五级以上风险点就达八处。

针对这一区间工程的众多施工难题，施工单位与科研单位合作，开展“复杂条件下地铁施工与构筑物保护技术研究”，经过近三年的研究、试验、应用，成功达到了预期目标，并取得了重要科研成果。

3.4.3　地铁10号线三元桥站—亮马河站盾构区间工程

地铁 10 号线三元桥站至亮马河站盾构区间工程两线的净距离小，安全可控性难度。10 号线三元桥站—亮马河站盾构区间穿行一居民住宅楼，该楼为壁板式结构住宅楼，楼房整体结构强度和刚度均较差，楼房与工程盾构隧道的距离只有 3.7m，如果不采取保护措施，盾构施工无法保证楼房安全。原设计方案是采用钻孔灌注桩作为隔离墙对该楼进行保护，但由于特殊原因没能实施，为使工程建设能顺利进行，同时又不危及楼房安全，通过调整右线，使其远离该楼，距离增加至 7.2m，但盾构隧道左右线之间最小净距离则减小到了 1.69m（图 3-15、图 3-16）。

图3-15　10号线盾构施工图（来源：地铁建设管理公司）

图3-16　10号线亮马河站（来源：地铁建设公司）

右线隧道与楼房距离的增加减小了楼房的风险，但带来了新的问题：左右两条盾构隧道距离过近，并且小间距平行距离长度达到了 237.5m，如此小间距、长距离双线平行盾构隧道的设计和施工在国内尚属首次。此前，对于小间距、长距离平行盾构隧道施工的相互影响，国内外的分析方法尚未完全成熟，同时周边还有要保护的楼房，国内外类似的工程和经验就更少。如果设计、施工中采取的方法、措施不当，极有可能导致管片开裂变形、漏水、地表沉降大、楼房安全难以保证等严重后果。

设计、施工、院校和业主成立了研究项目组，经过充分的研究分析，形成了从设计、施工到监测等各方面全套的方法措施，通过洞内向土层外打设注浆管，左线隧道内设置十字支撑，施工时严格控制盾构推进的各项参数，采用实时监测系统等，使工程得以顺利实施，保证了楼房的安全，也保证了隧道本身的安全。

3.4.4 机场快轨环评

按照机场快轨线位设计，机场快轨下穿三元桥后出三元桥车站，距离东四环路四元桥 400m 左右时由地下走上地面，上跨四元桥。

对于地铁建设来说，地下施工的难度要远远大于地面，地下投资是地面的 5 ~ 6 倍，如果采用地下线，既要大幅度增加整个工程的投资，也会对日益紧迫的工期带来严峻的挑战。更重要的原因是四元桥的桥体结构无法采用地下隧道的方式穿过，因此，机场快轨必须在四环路以内出地面。

机场快轨要想在四环路以内出地面，解决噪声污染是关键。为测算列车在运行过程中到底会产生多大的噪音，相关人员赴广州，对和机场快轨采用同样的直线电机制式机车的广州地铁 4 号线进行噪声测算，测算的结果是列车在运行中产生的噪声为 73dB，比轮轨噪声低 10dB，如果建设中再采取优良的消音材料，将不会对环境造成太大影响。在此测算结果基础上，结合考虑四元桥桥墩地下密集的结构导致无法从地下穿越四元桥的实际情况，选取了机场快轨上跨四元桥的方案（图 3–17、图 3–18）。

图3–17　机场线施工现场（来源：机场快轨公司）

图3-18　机场线架梁（来源：机场快轨公司）

3.5　新技术新工艺新材料应用

3.5.1　新技术应用

在工期短、任务重、地质条件复杂、施工难度大的情况下，要如期完成地铁建设任务，兑现庄严承诺，是摆在北京交通建设者面前的一道必须攻克的难题。为此，北京地铁建设者解放思想，狠抓技术攻关和科技创新，在地铁工程建设中使用了大量的新技术、新工艺、新材料，为胜利完成地铁建设任务提供了技术保障。下面简要介绍在地铁 5 号线的建设中使用的新技术。

（1）平顶、内贴加强环风道支护开口技术。平顶、内贴加强环风道支护开口技术，实现了风道支护正洞的大断面提前开口和风道与车站交接段快速施工。风道与车站交接段一般为挑高段，最大比正洞顶高半跨洞径 6m 左右。采用平顶结构形式，挑高高度仅 0.75m，解决了热力管沟和电力管沟标高制约问题，实现了最大断面开挖。采用内贴加强环技术，使正洞在支护条件下开口，避免了交叉段衬砌施工干扰、影响衬砌与防水板质量问题，大幅提高了工效，节省工期，区段施工地面沉降小，结构质量安全。

（2）暗挖车站中洞法施工技术。针对大跨浅埋三拱两柱式车站，传统双侧壁导坑法式洞柱法施工易出现节点防水与施工缝质量问题，在经过施工过程仿真模拟论证的基础上，提出了中洞法施工方案。施工实践证明，该方法施工方便，干扰小，易保证车站节点防水和混凝土结构质量。为保证中洞稳定性，减少临时中壁拆除长度，采取调段拆除临时中壁，分段浇注中跨拱圈。采用分离式台车，移位时两段分离，就位后合拢。

（3）桥梁桩基隧道洞内托换施工技术。5 号线工程中对侵入隧道的桥梁桩基创造性的采用洞内托换技术。采用隧道与支护层植筋部分剥桩后，第一层托拱结构和断桩后第二层托拱结构逐步转换桩基荷载，限制桩基变形。逐步释放托换过程中的桩基变形，能够确保隧道衬砌安全。施工实践证明，洞内托换过程引起桥墩附加沉降为 3mm，桥墩累计沉降仅为 15mm，未发现任何墩梁开裂与破损，确保了桥梁安全。

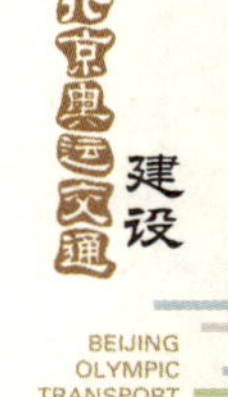

（4）隧道施工古建筑物保护技术。松散不良地质条件下，大断面风道隧道临近天坛古建筑物开挖时，采用树根桩隔断墙和墙基地面注浆加固，洞内超前注浆、掌子面注浆及控制开挖等综合技术，使得天坛古建筑物累计沉降为 15.5mm，建筑物安全无损。

（5）隧道穿越铁路安全施工技术。经洞内帷幕注浆、施工控制和注浆回填等综合技术后，累计轨面最大变形未超过 10mm，不均匀沉降在 4mm 以内，保证了铁路运营安全。

（6）轻载桥桩基洞内断桩技术。由于车站结构规模大，对于深入结构内的建筑物桩基无法施作偏离结构的托换桩，采用扩大基础，充分利用既有桩基承载力，即仅在洞内截断桩。施工中各分部开挖尽量保留既有桩基，待桩基和支护变形基本稳定后再截桩，避免桩基位移一次性释放，减小结构应力集中。施工实践证明，轻载桥桩基洞内断桩可控制其不均匀沉降，从而保证桥梁和隧道结构安全。

（7）双侧导洞法特大断面安全施工技术。区间折返线全长 477.15m，共有 12 种断面，最大断面达 23.2m × 10.3m，断面转换达 28 次。通过统筹规划，制订了严密的工序方法，实现了台阶法、CD 法、CRD 法、双侧壁法和双侧洞法拱五种工法及 28 断面次安全转换和快速施工。针对 23.2m 大跨区间隧道，创造性采用双侧导洞法施工，施工过程中隧道结构安全，地面沉降小。

3.5.2 创新施工工艺和方法

地铁 10 号线一期工程在施工条件复杂的情况下遇到了众多工程难点，北京交通建设者创新和采用了多项新工艺、新工法以解决这些难点。

（1）首次采用分离岛式车站，以解决立交桥区设站的难题。

（2）国内首次在地铁建设中系统完整地提出了风险源评估及专项设计体系，开创了全国地铁应对风险源的先河并获得了成功，该体系成为目前北京新建项目普遍采用的标准模式。

（3）国内首次在全线暗挖车站推广使用了 PBA 工法，对控制地面沉降、保护管线及周围桥桩起到良好的效果，为今后北京地铁乃至全国地铁暗挖车站提供了参考和借鉴。

（4）国内首次采用并成功实施了小间距、长距离平行盾构隧道的设计与施工技术，开创了国内先河。该项技术获得“北京市科技进步二等奖”。

（5）国内首次采用中跨盖挖顺作法施工地铁车站技术。为了解决热力管线的改移和车站的施工矛盾问题，亮马河站采用中跨盖挖顺作法施工，其优点为中跨盖板的施工不受基坑两侧护坡桩施工的影响，可同步施工、先施工或后施工。该工法在国内尚无先例，在本工程中的成功应用，可为今后类似的工程提供经验和依据。

（6）国内首次整合了室外冷却塔，摒弃了以往地铁的分散冷塔方案，把多组分散的冷却塔整合为一个单体，既压缩了占地面积，又美化了城市景观。

（7）国内首次采用新型装配式综合支吊架系统，解决了在地下车站有限的空间内安装大量管线的难题。

3.5.3　绿色环保地铁车辆

地铁 5 号线车辆是首批采用国家标准 B1 型限界设计开发的不涂漆不锈钢车辆。车体结构采用薄壁筒型整体承载，在国内首次采用强度满足纵向压缩载荷 800kN 要求的轻量化不涂漆不锈钢车体。不涂漆不锈钢车体采用不锈钢点焊技术，充分体现了现代工业美，消除了底漆、腻子、面漆等涂装工序，体现出绿色环保的设计理念。车体的地板、车顶、侧墙、端墙等均做隔声处理，车轮安装降噪阻尼器，且建立数字噪声模型进行计算，较以往车辆噪声降低 1 ~ 3dB(A)。另外，5 号线列车还装备了再生电能储藏设备，列车制动时制动系统将损失的动能转化为电能又全部返回到整个供电系统，体现节能环保。

3.5.4　“新型闭式集成通风空调系统”

地铁 5 号线首次采用的“新型闭式集成通风空调系统”被授予国家发明专利—“新

型地铁通风空调多功能集成系统”（ZL 03101900.5）。与国内外同类技术比较，该系统具有以下独创性和先进性：一是将车站公共区通风空调系统与区间隧道通风系统设备集成设置，减少平时闲置设备，降低系统的机房面积；二是取消车站公共区组合式空调机组，设置可自动开启风道表冷器，节省机房空间及运行能耗；三是该系统的车站送排风机均采用变频控制，一方面满足不同通风工况的不同通风参数要求，另一方面根据季节、时段对通风空调系统进行全过程、精细化、智能化控制。

“新型闭式集成通风空调系统”能较大幅度地降低土建规模和工程造价。新型系统的通风空调机房及土建风道面积估计比传统系统节约 500 ~ 800m^2 左右，车站长度缩短近 20m，同时节省了拆迁费用。新型系统形式简单，通风设备一机多用，每个车站通风空调设备投资可降低 32 万元。因此全面衡量每站可降低综合造价约 500 万元。该系统采用可自动开启风道表冷器及风机变频技术，根据城市轨道交通空调通风负荷的变化来调整表冷器及通风机的工作状态，既达到节能的目的，又能提高乘车环境的舒适程度。经测算，新型系统每个车站的年运营费用可比传统闭式系统减少 36 万元人民币。

该系统被列为 2007 年建设部城市轨道交通专项技术推广项目，2008 年又获得第二届中国建筑学会暖通空调工程优秀设计一等奖。

3.5.5 CBTC信号系统使用

地铁 10 号线一期、奥运支线（8 号线一期）工程信号系统采用的是功能完备、技术先进的基于无线通信的移动闭塞列车自动控制系统（CBTC）。该系统能够实现基于连续式通信、点式通信及联锁的三级列车控制功能。本工程信号系统由列车自动监控子系统（ATS）、列车自动防护子系统（ATP）、计算机联锁子系统（CI）、列车自动运行子系统（ATO）组成。在确保行车安全的前提下，最大程度地提高了线路运输效率和旅客的乘车舒适度，实现了 10 号线及奥运支线的行车指挥自动化和列车运行自动化，具体包括：自动控制列车进出车辆段、自动折返、调整列车运行时间、自动建立或转换驾驶模式、自动控制列车运行速度、自动高精度定点停车、自动驾驶列车运行、自动开关车门与安全门联动等，这在国内地铁建设中尚属首例。

3.6 轨道交通发展前景

奥运筹办的 7 年间，北京轨道交通得到大力发展，轨道交通作为北京市优先发展公共交通政策实施的重要内容之一，也为奥运赛时交通运行提供了支撑。

奥运会后，站在成功举办一届“有特色、高水平”奥运会残奥会和改革开放 30 年的新起点上，北京交通部门为落实市委市政府建设“人文北京、科技北京、绿色北京”的战略部署，提出打造以“人文交通、科技交通、绿色交通”为特征的新北京交通体系，为建设更加繁荣、文明、和谐、宜居的首善之区提供有力的交通保障的发展目标，并在《北京交通发展纲要 2004 ~ 2020 年》的基础上，颁布实施了《北京市建设人文交通科技交通绿色交通行动计划 2009 年 ~ 2015 年》（以下简称《行动计划》）。《行动计划》提出，未来 7 年北京交通将在继续优先发展公共交通，加快建设轨道交通方面实现新的突破（图 3-19）。

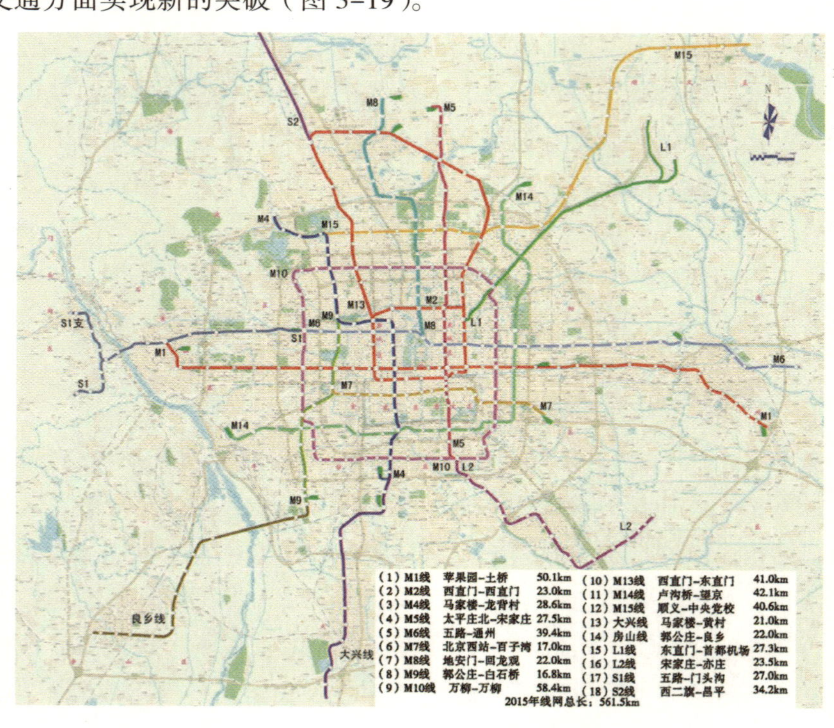

图3-19 2015年北京市轨道交通线网示意图

未来几年，北京将确立轨道交通在城市公共客运系统中的骨干地位，发挥其引导与支撑城市空间结构的作用，按照“安全、质量、功能、成本和效率”相统一原则，加快轨道交通新线建设，扩大规模，增加中心城轨道线网密度，到 2015 年，建成“三环、四横、五纵、八放射”561km 的轨道交通网络，五环路内线网密度达 0.51km/km^2，平均步行 1000m 即可到达地铁站，日均客运量达 1000 万人次以上，力争轨道交通承担公共交通总客运量达到 50% 左右。

4 交通枢纽建设

为实现奥运赛时各类客户群在城际交通与城市交通之间、各种交通运输方式之间的“无缝衔接、零距离换乘”的目标，按照制订的交通基础设施供给策略，奥运会前，北京陆续建成了动物园、六里桥、西直门、东直门、北京南站等综合交通枢纽，改善了换乘衔接系统，完善了综合交通网络。

4.1 首都机场3号航站楼

4.1.1 基本情况

首都国际机场位于北京市东北方向，距离市中心 25km。3 号航站楼是首都机场第三期扩建工程的主体项目和关键项目，是国家重点工程，服务于第 29 届北京奥林匹克运动会。工程于 2004 年 3 月 28 日动工，2008 年 2 月 29 日建成投入使用（图 4–1）。

图4–1　3号航站楼全景（来源：首都国际机场集团股份有限公司）

3 号航站楼由于其独特的地位、宏大的规模、鲜明的建筑特点和完备先进的设施备受海内外瞩目。3 号航站楼（T3）建筑面积 98.6 万 m^2，位于原东跑道和第三跑道之间，由 T3C 航站楼（主楼及国内候机）、T3D 航站楼（国际候机）、T3E 国际候机廊三部分组成，由 2.1km 旅客捷运系统连接。楼内设行李系统，传输线路 68km。配备先进现代的机场信息系统和机电设备。新增机位 125 个，其中近机位 83 个，远机位 42 个，建成后满足首都机场年旅客吞吐量 7600 万人次需求。

3 号航站楼南侧新建停车楼，建筑面积 30 万 m^2, 为椭圆形下沉式两层建筑，南北长 350m，东西宽 550m，设停车位 6834 个 , 屋顶进行绿化。交通中心（GTC）位于停车楼之上，为两层建筑，屋顶为双曲面钢结构及玻璃顶，总建筑面积 4.5 万 m^2，主要功能为机场快轨的 T3 站台，远期设计了四条轨道线路。

4.1.2 先进技术和设施

在 3 号航站楼建设过程中，探索和实践了一系列先进技术和理念。

（1）完善的综合交通体系。空侧隔离区内的飞机、服务车辆和捷运系统三种交通方式实现全立交，属国内机场首创。陆侧交通宽敞，方向清晰，四通八达。3 号航站楼楼前三层环形道路, 大巴车、出租车和社会车辆分流行驶。3 号航站楼至 1 号、2 号航站楼专设快速道路，方便快捷地联系两个航站区，机场轻轨直通 GTC 和 2 号航站楼。GTC 内实现高速公路、城市轨道交通和旅客流的便捷接驳，多种交通方式供旅客选择（图 4–2）。

图4–2　3号航站楼出港车道（来源：首都国际机场集团股份有限公司）

（2）一流的旅客捷运系统（APM）。国内首次采用多楼连通的旅客捷运系统（APM），该系统所采用自动列车控制（ATC）系统，车辆和轨旁 ATC 系统都有安全（ATP）和运行（ATPO）的功能，具备良好的安全性和可靠性。该系统轨道长度 6km，设三个车站，全自动运行，每小时运送旅客 8200 人次，从 T3A 到 T3B 仅需 2.5min（图 4-3）。

图4-3　3号航站楼捷运系统（来源：首都国际机场集团股份有限公司）

行李处理采用最先进的自动分拣和高速传输系统。该系统安装占地 12 万 m^2，行李传送线总长度达到 68km，直线最高传送速度为 12m/s，是目前世界上最快的行李传送系统。分拣机采用基于感应的免接触动力传递，实现了低维护运行并确保长期稳定性。行李托盘的跟踪和识别采用无限射频技术（RFID）与激光扫描行李条码（BSM）技术相结合，每小时可处理行李 2 万件，分拣差错率仅万分之一（图 4-4）。

图4-4　行李传输系统（来源：首都国际机场集团股份有限公司）

（3）高度集成的信息系统。机场信息系统达到高度集成和现代化水平，并有充分的装备和升级可能，其主要特点体现在：完善的大型枢纽机场运行支持体系，国内首次实现的多航站楼联合运营；优化方案与先进技术相结合的信息弱电系统全面集成；分布式的机场业务数据库与已有的企业 ERP 系统整合；万兆传输速率的高宽带园区网络通讯系统，强化企业信息化基础建设；弱电类系统均实现数字化处理和 IP 网络传输通讯，实现从传统模拟技术向数字技术的变革；综合旅客、行李、安检和联检单位的安全信息共享与安全业务协防的安检信息管理系统，建立严密高效的国门安全屏障；在大型建设工程中同步建设企业级工程内容管理系统和地理信息管理系统，同步架构数字化机场基础平台（图 4–5）。

图4–5　机场指挥中心（来源：首都国际机场集团股份有限公司）

（4）绿色节能的典范。为构建美丽的园林机场环境，进场高速路两侧是宽阔的绿化林带，GTC 屋顶建设了 15 万 m^2 的花园，捷运系统两侧规划建设了 2km 景观绿化带，机场总体绿化面积达到 400 万 m^2（图 4–6）。

图4-6 3号航站楼绿化（来源：首都国际机场集团股份有限公司）

为充分利用自然光节能，设361个采光天窗，天窗朝向光线良好的东南，白天大幅度减少灯光照明。外幕墙采用中空低辐射镀膜玻璃，既保证采光，又隔音隔热。制冷采用大型冷冻机和低温大温差冷水机组，供暖采用大温差热水锅炉系统，提高制冷效率减少耗电40% ~ 120%。建筑材料均符合环保标准，室内的风机、空调、水泵均采用低噪声设备，空调通风系统进行了系统的噪声治理，公共区不大于50dB，办公区不大于40dB（图4-7）。

图4-7 3号航站楼站内天窗设计（来源：首都国际机场集团股份有限公司）

（5）处处体现“以人为本”。旅客进出港流程简洁，方向感强；清晰的标识系统和 16 种区域色彩定位导引；主屋面格栅吊顶南北向布设，是随处可见的“指南针”，十组文化景观成为楼内特色地标，带给旅客美好而方便的旅行体验。楼内设自动步道代步 4.8km ；残疾人通道设施完备；专设的残疾人和母婴卫生间；还有吸烟室、更衣室等，体现机场对旅客无微不至的关怀（图 4–8）。

图4–8　3号航站楼迎客大厅（来源：首都国际机场集团股份有限公司）

4.2　东直门交通枢纽

4.2.1　基本情况

作为北京 2008 年奥运会配套项目之一的东直门交通枢纽工程，是国内第一例以及亚洲最大的现代化立体综合交通枢纽工程（图 4–9）。

图4-9　东直门枢纽效果图（来源：photo.zhulong.com）

东直门交通枢纽地处北京市东城区东直门立交桥东北角，项目总占地面积15.44万m^2，其中建筑用地（用地红线内）面积为10.6万m^2。东直门交通枢纽及配套工程包括：公交场站、集散大厅、机场航站楼、机场轨道线东直门站和周边配套路网等。

东直门交通枢纽建筑面积78000m^2，分为地上地下两部分设计，其中地上建筑面积为45670m^2，地下建筑面积为32330m^2，使得2号环线地铁、13号线城市铁路、机场快轨、市区公交、市郊长途、出租车、自行车等多种交通方式实现了立体换乘，这种设计具有多功能和人车分流的特点，在为乘客提供了舒适、便捷的换乘环境的同时，还使60%～70%的交通流量在地下解决，大大缓解了地面压力，使京城内外的往来更为发达和便捷。

除了实现市内各交通方式的互通，东直门交通枢纽还承担着连通首都国际机场的重要职责。被称为“国门第一线”的机场快轨线，起点站就设在东直门交通枢纽的地下四层，此后的第二站设在三元桥，机场快轨线在东直门站与地铁2号线、城铁13号线换乘，在三元桥站与地铁10号线平行换乘，之后，机场快轨将直接抵达首都国际机场3号航站楼和2号航站楼，中途不再设站。乘坐机场快轨线从东直门到首都国际机场3号航站楼仅需16min，到达2号航站楼的时间约为25min。

东直门交通枢纽各层功能：枢纽二层至七层为机场航站楼办公室；首层夹层为公交和公交公安办公用房、枢纽配套管理服务用房以及公交调度室等；首层为集散大厅、公交场站、配套设施和设备用房；地下一层为远期拟建机场值机大厅和地铁换乘区，还包括与首层联动的枢纽换乘集散大厅，总面积约为 11000m^2，其主要功能是实现枢纽内的 2 号线地铁、13 号线城市铁路、机场快轨等轨道交通之间的换乘，轨道交通与公交车之间的换乘；地下二层，为地铁 13 号线站厅、小汽车停车场以及枢纽配套停车场；地下三层为机场快轨设备机房；地下四层为机场快轨线起点站。

4.2.2 新技术新工艺应用

（1）纤维混凝土。由于结构超长，在公交场站的楼板内结构施工时，按设计要求加入了适量的纤维混凝土，合成纤维混凝土是一种新型建筑材料，可有效防止混凝土因早期干缩、塌沉所引起的内蕴裂缝。它是在混凝土中加入由聚丙烯制成的合成材料纤维丝，以增强塑性混凝土的抗拉能力，显著降低其塑性流动和收缩微裂纹。

（2）TC 超细无机纤维喷涂。东直门公交枢纽考虑到公交场站的大空间要求，主体结构设计采用钢管混凝土结构，为降低场站内车辆噪声，同时考虑钢结构的温度变形，场站内天棚采用加拿大进口 TC 超细无机纤维喷涂，很好地解决了吸音保温的问题；TC 系列超细无机纤维喷涂系统是经特殊加工的超细无机纤维棉水基特种环保粘合剂通过成套先进的专用喷涂设备喷涂于建筑基体，经自然干燥后，形成无接缝整体密闭的稳定绝热层，具有良好的绝热、吸声、防火特性，抗菌不霉变，环保无毒。

（3）钢管混凝土。公交场站的结构柱采用了矩形钢管混凝土柱的形式。钢管混凝土结构是由混凝土填入钢管内而形成的一种新型组合结构，能够更有效地发挥钢材和混凝土两种材料各自的优点，同时克服了钢管结构容易发生局部屈曲的缺点。

4.3 西直门综合交通枢纽

4.3.1 基本情况

西直门综合交通枢纽是一座以轨道交通衔接换乘为主，地面公交衔接换乘为辅的集多种交通体系和综合服务功能为一体的综合性大型客运交通枢纽工程。枢纽分为西、中、东三区，主要交通设施包括中区的城市轻轨铁路（地铁 13 号线）西直门站、东区的轨道交通换乘大厅、地面客流疏散广场以及围绕广场分布的地下的地铁 2 号线和 13 号线换乘通道、公交车站等（图 4-10）。

图4-10　西直门枢纽效果图（来源：www.chinashengxing.com）

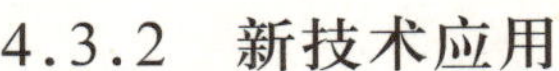

4.3.2　新技术应用

由于西直门枢纽与城市铁路西直门站相毗邻，列车经过发出的噪声和振动对配套服务用房（写字楼和综合商业等）的环境影响较大，为解决噪声和振动的影响，率先在北京地区选用了国际上较为成熟的隔尔固（公司）减震技术，在城铁车站道床下采用螺旋钢弹簧浮置板技术，这种技术能衰减振动影响的 80% 左右，可保证隔振路段浮置板顶面到隔振器下横梁顶面的振动传递损失在 25dB 以上，写字楼和公寓楼内的振动干扰将符合国标 GB 10070—88 规定的范围内，即夜间振动不超过 72dB，妥善解决了噪声和振动问题。

4.4　北京南站工程

4.4.1　基本情况

北京南站位于北京市南二环右安门东滨河路以南，南三环西路以北。北京南站总建筑面积 32 万 m^2，既是京沪高速铁路、京津城际轨道等高速铁路客运专线的始发站，也是集高铁、地铁、市郊铁路、公交、出租等各种交通方式于一体，全面融合城市、城际交通的大型综合交通枢纽（图 4-11）。工程于 2005 年 12 月 24 日开工，2008 年 8 月 1 日北京南站南广场开通运行。

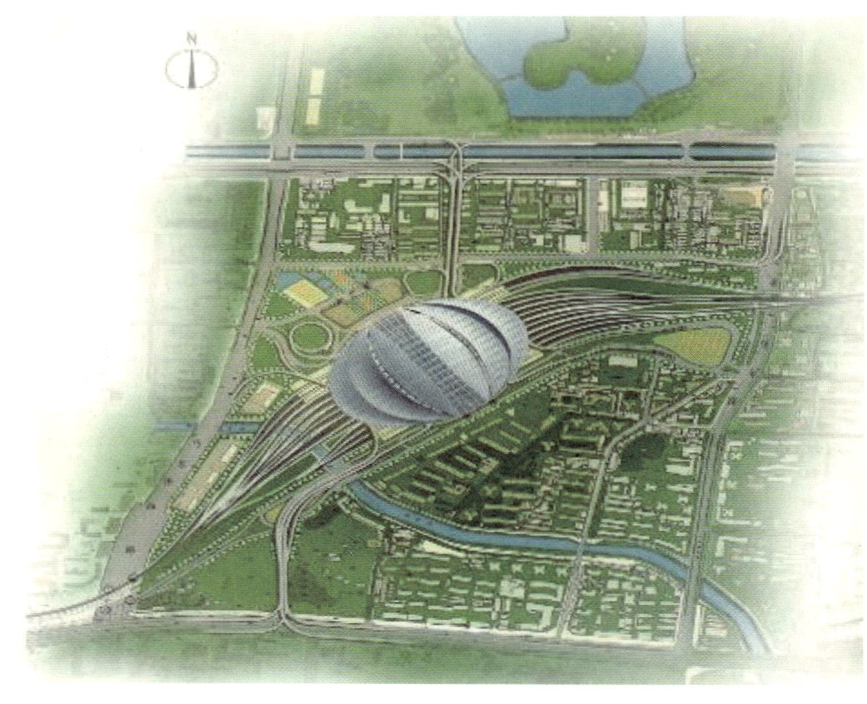

图4-11　北京南站规划俯瞰图（来源：北京铁路局）

北京南站总体结构分地下三层、地下二层、地下一层、地面层和高架层（图 4-12）。

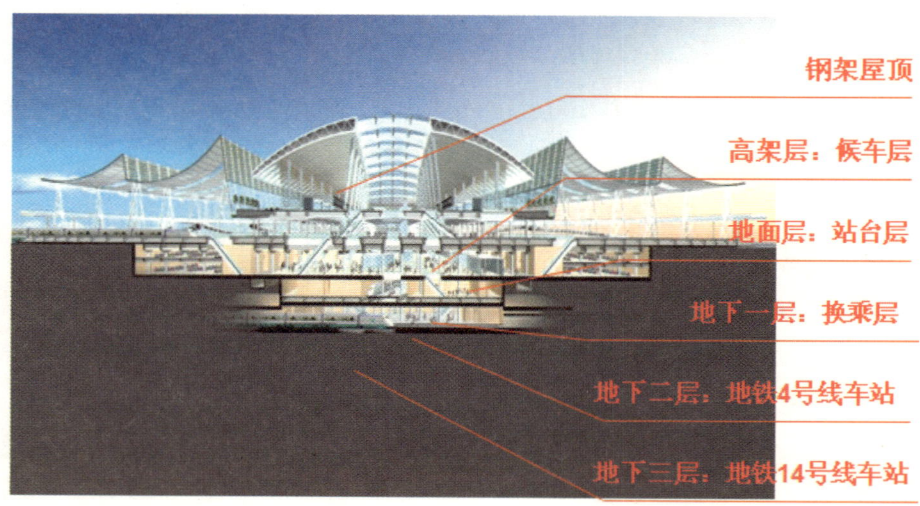

图4-12　北京南站内部结构图（来源：北京铁路局）

地下三层：为地铁 14 号线站台层，建筑面积 10527m^2（图 4-13）。

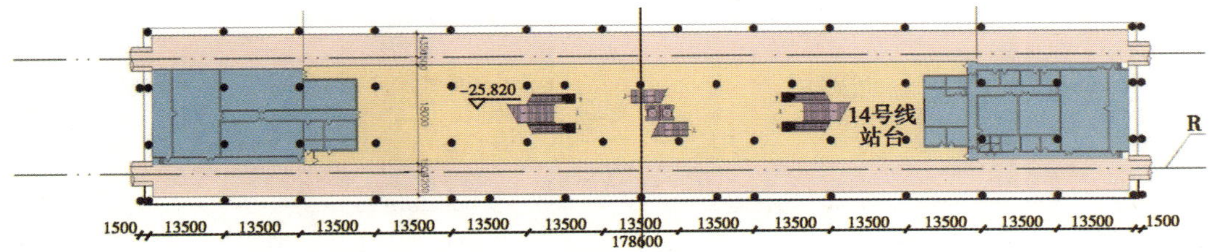

图4-13　北京南站内部结构图（地下三层）（来源：北京铁路局）

地下二层：为地铁 4 号线站台层，建筑面积 12688m^2（图 4-14）。

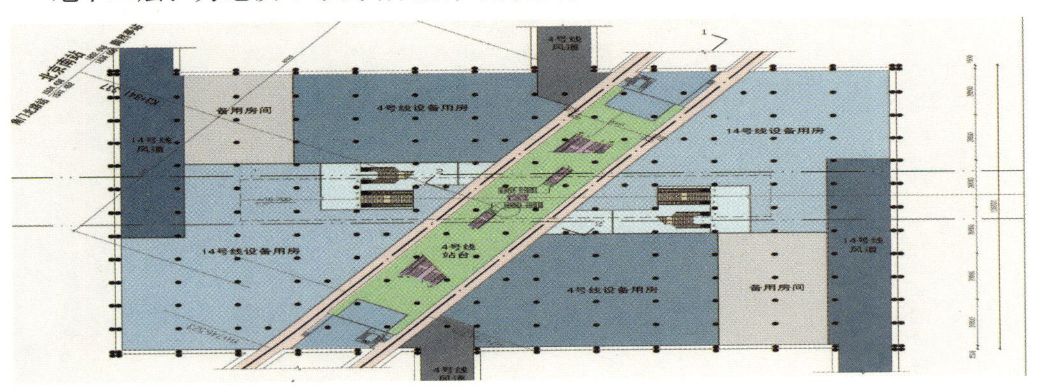

图4-14　北京南站内部结构图（地下二层）（来源：北京铁路局）

地下一层：整个车站的换乘空间，地面标高 -11.75m，面积 119940m^2，主要设有社会停车库、出租停车场，进、出站厅、换乘大厅，进出站通廊等（图 4-15）。

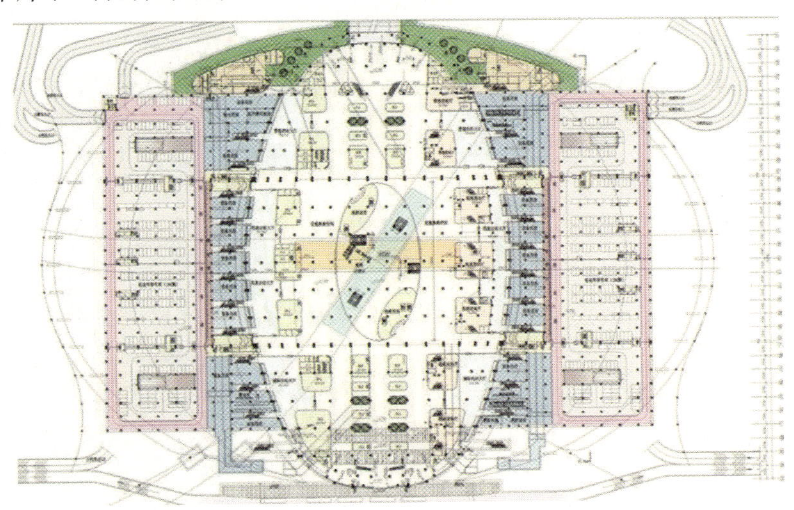

图4-15　北京南站内部结构图（地下一层）（来源：北京铁路局）

地面层：为铁路站台层，除客运车场、站台外，站台层面向北广场一侧对称布置两座独立办公楼，中央设公交车旅客乘、降廊和进站大厅，建筑面积 15988m^2（图 4-16）。

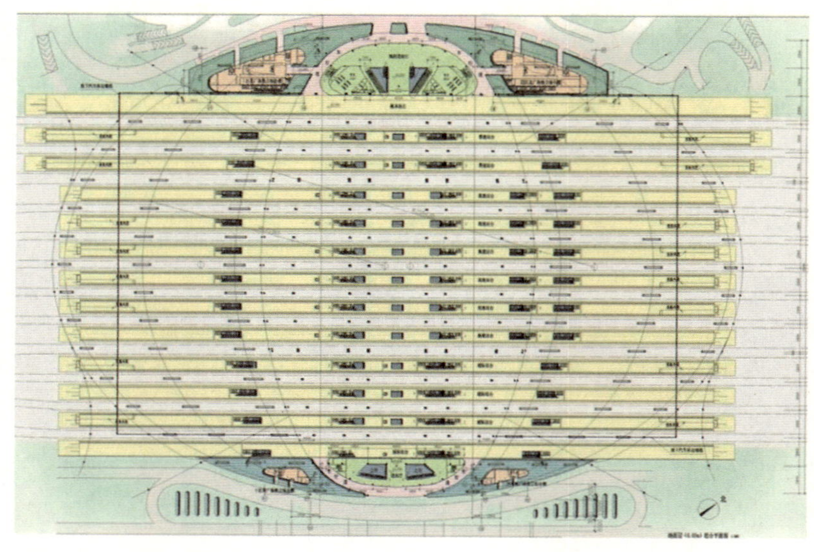

图4-16　北京南站内部结构图（地面层）（来源：北京铁路局）

高架层：为铁路旅客进站层，中央为独立的候车室，东西两侧是进站大厅，建筑面积 47654m^2。自北往南依次为普速候车区、京沪客运专线候车区和京津城际候车区（图 4-17）。

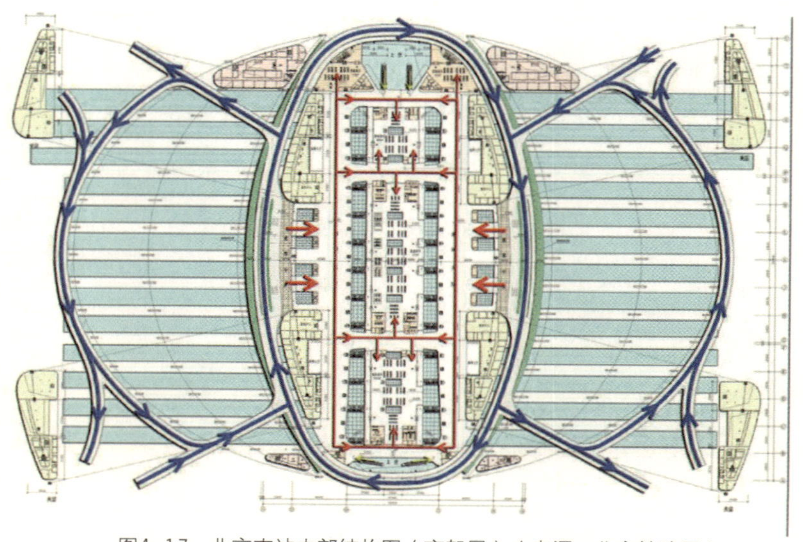

图4-17　北京南站内部结构图（高架层）（来源：北京铁路局）

北京南站将市郊铁路 S4（黄村）、S5（房山）线和地铁 4 号线、14 号线引入到车站内，将普速列车、京津城际和京沪客运专线三种不同的运输标准组合在同一个车场里面，使北京南站成为集国有铁路、地铁、市郊铁路和公交、出租等市政交通设施为一体的大型综合交通枢纽（图 4–18）。

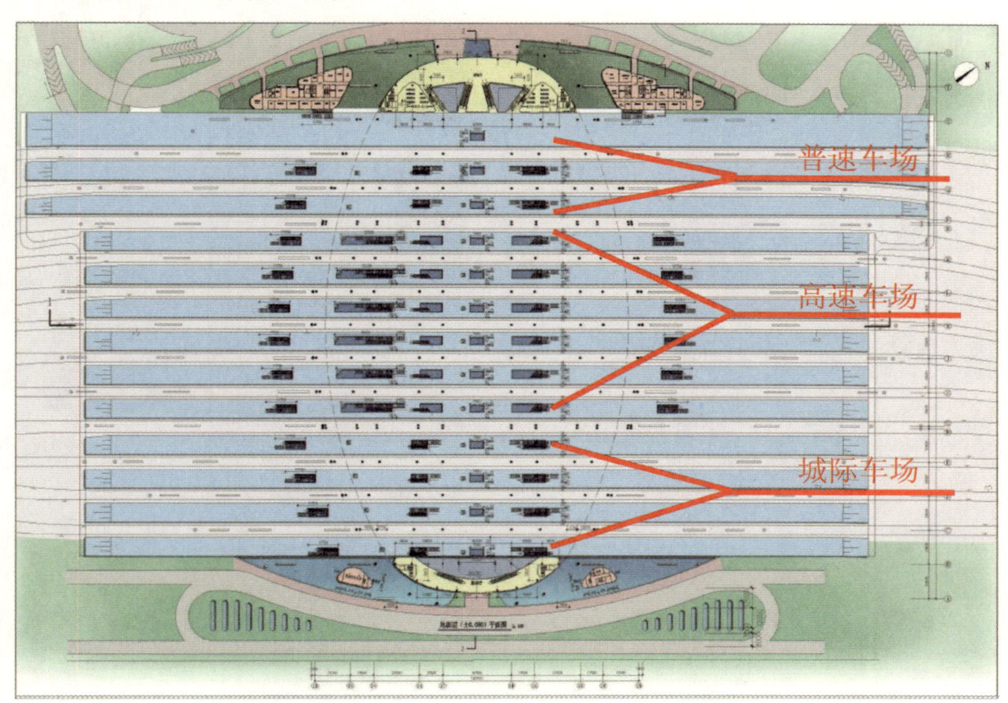

图4–18　北京南站车场示意图（来源：北京铁路局）

客运车场沿京山线布置，从北往南依次为：普速车场 3 台 5 线；高速车场 6 台 12 线；城际车场 4 台 7 线，总计 13 台 24 线。

4.4.2　新技术新工艺应用

北京南站枢纽建设应用了天然气热电冷联供 + 污水源热泵的空调系统、并网太阳能发电系统、真空排污系统等一系列绿色节能环保新技术。

（1）天然气热电冷联供 + 污水源热泵系统。该系统实现了能源的梯级利用，大大提高系统的能源利用率，实现了空调系统舒适性、经济性、安全性和环保性的统一。依靠国家“天然气热电冷联产高效技术集成及示范研究”863 课题组，北京南站建成当前世界上最为高效的天然气热电冷联产示范系统（发电容量为 2000kW 级以上）。

该系统最终排烟温度 40℃以下，夏季低温余热供冷效率较常规系统增加 50%，系统配置及运行调节集成技术达到世界领先水平（图 4–19）。

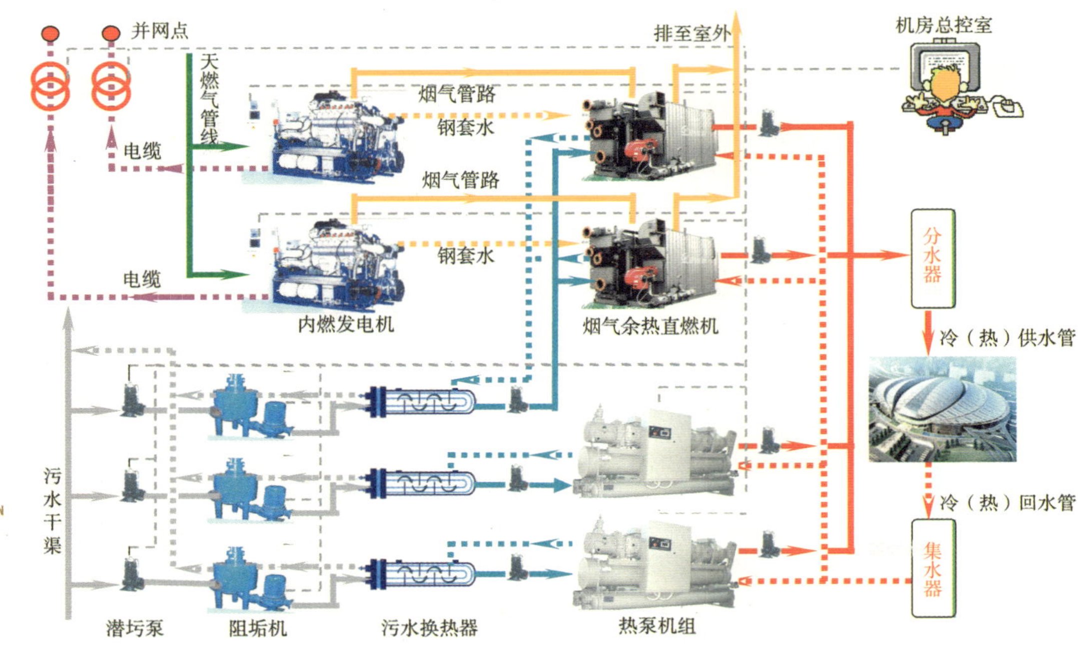

图4–19　天然气热电冷联供+污水源热泵系统原理图

污水源热泵系统是以城市源生污水为低温热源，由污水提升系统、污水阻垢系统、污水换热系统、热泵机组以及末端系统组成的空调系统。北京南站可再生能源（污水源热泵系统）提供建筑物总能耗的 60% 以上，同时通过系统优化设计和运行策略的优化控制，可保证冬季污水源热泵机组的 COP 在 4 以上，夏季污水源热泵机组的 COP 在 5 以上。

此外，全国燃气发电效率一般在 35% 左右，北京南站天然气热电冷联供系统发电效率在 40% 以上，热利用效率 90% 以上，相对于常规电制冷系统或直燃机系统，冬季节能率为 57%，夏季节能率为 50%，同时可比常规系统 CO_2 排放量减少约 1/4。另一方面采用污水源热泵技术，夏季三联供系统中烟气溴化锂吸收式冷温水机组的冷却系统也由污水源提供；取消了常规空调系统的冷却塔，可减少冷却塔飘水和蒸发水量，经计算每年可节水 7.2 万 t。天然气热电冷联供 + 污水源热泵系统在北京南站的应用显示出巨大的经济效益和社会效益。

（2）并网太阳能光伏建筑一体化系统。北京南站采用 230/400V 太阳能光伏发电系统，太阳能系统采用铜铟镓锡太阳能电池，在主站房核心区五面的中央采光带上安装 5712 块铜铟镓锡太阳能光复组件，额定功率 382kW，年发电量 35.2 万 kW·h，占站房总用电量的 3%。铜铟镓锡太阳能电池板光电转换效率可高达 11%，同时具备弱光发电的特性，受电池组件铺设角度影响较小，可与建筑屋面实现完美结合。北京南站太阳能光伏发电系统将会建成形成世界一流水平的铜铟镓锡太阳能发电系统。

（3）真空排污系统。由于受到建筑条件限制，北京南站工程排污采用真空排污系统，该系统利用真空机组在泵站和管道系统内产生真空，系统真空度维持在 –30 ~ –60kP，排放的污水在压差的作用下被抽吸到真空泵站内。真空排污系统具备节水环保，自动化程度高，无需专人值守，低能耗等技术特点。

（4）混凝土弹性宽轨枕的应用和铺设。北京南站 24 条到发线在地下结构范围内全部铺设了混凝土弹性宽轨枕，混凝土弹性宽轨枕的铺设和应用在国内尚属首次。弹性轨枕的研发与应用是建立在适应我国铁路既有线提速 200km 技术改造，兴建时速 200km 及以上高速客铁路的客观要求。采用弹性轨枕这种新技术，强化了轨道结构，提高轨道弹性，延长轨道维护周期，降低轨道振动噪声和保证行车的快速、舒适、安全。

（5）阻尼钢轨的应用。新建北京南站位于北京市中心的繁华地带，周边居民区较多，而北京南站为京津城际和京沪高速的起始站，列车的运行速度非常快，因此列车运行辐射噪声加剧。因此，在居民区范围内的钢轨采用了 WTD 阻尼钢轨减振器，它是通过特殊粘合材料，按一定面积附着在钢轨轨腰两侧，当钢轨因振动面变形时，高阻尼材料把振动的机械能转化为其他能量而消耗掉，从而达到减振和减小噪声的目的以达到降低噪音、减小振动的效果。

4.5 动物园（西苑）交通枢纽

动物园（西苑）交通枢纽位于西直门外大街南侧，占地 1.4 万 m^2，建筑面积 10 万 m^2，包括地下公交换乘大厅、疏导通道、人防、社会停车场和地上公交车辆到发站台、车队管理用房、智能化运营指挥系统、抢修中心、公交派出所、部分经营用房等，可同时满足 15 条公交线路的站内到发，并与地铁 4 号线实现站内“零距离”换乘。该项目于 2001 年 12 月开工建设，2004 年 7 月建成投入使用（图 4–20）。

图4-20　动物园交通枢纽

4.6　六里桥交通枢纽

北京六里桥交通枢纽是交通运输部确定的全国45个主枢纽城市中的客运枢纽场站，是北京市规划审定的以省际客运为主，集公交、地铁、出租于一体的综合客运枢纽，也是目前北京市唯一规划为以外埠公路长途客运与市区公交衔接换乘为主的综合客运枢纽。建设用地面积7.49万m^2，建筑面积11.38万m^2，其中主站房区3.22万m^2，服务楼4.16万m^2，商业开发4万m^2。设计日发（省际客运）1500班次，发车站台45个，高峰日备用站台68个，日登降量为27.53万人次，其中省际长途为5.88万人次（图4-21、图4-22）。

图4-21　六里桥交通枢纽鸟瞰图

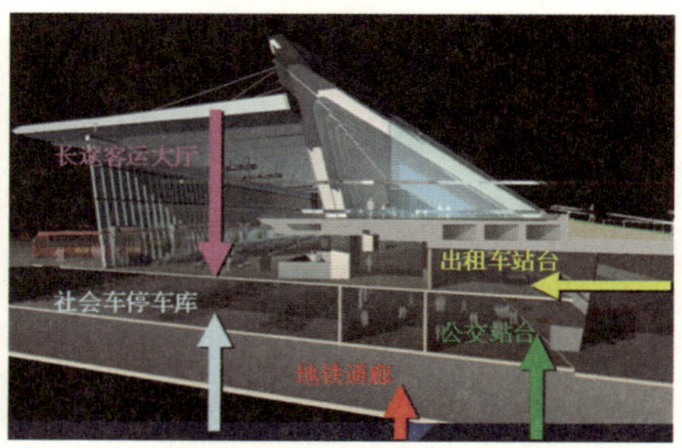

图4-22　六里桥交通枢纽立体换乘示意图

5 奥运临时交通设施建设

在满足奥运会赛时交通运行需要的前提下，依据交通设施供给策略，北京市对奥运会临时需求、特殊需求采取建设临时设施的方法来解决（满足赛时需求、赛后拆除恢复原貌），以最大限度降低投资费用，有效利用设施，做到能临时的绝不建永久，尽量避免出现后奥运时期交通设施有效利用不足的情况发生。

与此同时，贯彻人文奥运理念，加大无障碍交通设施建设改造力度，全面提高了交通设施人性化和无障碍服务水平，尽量满足了残疾人、老年人等特殊群体的交通出行需求。

5.1 奥运临时场站

奥运临时场站按照所服务的客户群的不同，分为赛会用交通场站和临时公交场站。为使临时交通场站既满足赛时交通运行需要，又降低投资，北京交通部门会同奥组委有关部门依据各场馆交通规划和《北京 2008 奥运会与残奥会城市交通临时设施建设纲要》，研究提出了临时场站设施建设计划，制订了《奥运临时场站建设标准》。

临时场站设施的建设，是按照“统一规划、费用分担、同步建设”的原则进行的。赛会用临时交通场站的费用由北京奥组委承担，临时公交场站建设费用由北京市政府承担，建设工作由北京交通部门统一实施。共建设临时性交通场站设施 25 处，总占地面积约 91 万 m^2，其中，赛会用交通场站 6 处、总面积 59 万 m^2；公交场站 19 处，面积约 32 万 m^2（图 5–1）。

图5-1　奥运公园5号公交场站（来源：北京市交通委路政局）

5.1.1　奥运会交通场站

为奥运会提供服务的交通场站共 6 个（残奥会为 4 个），分别是奥林匹克大家庭饭店交通场站、奥林匹克公园交通场站、奥体中心交通场站、首都机场交通场站、石景山交通场站和海淀交通场站（图 5-2）。

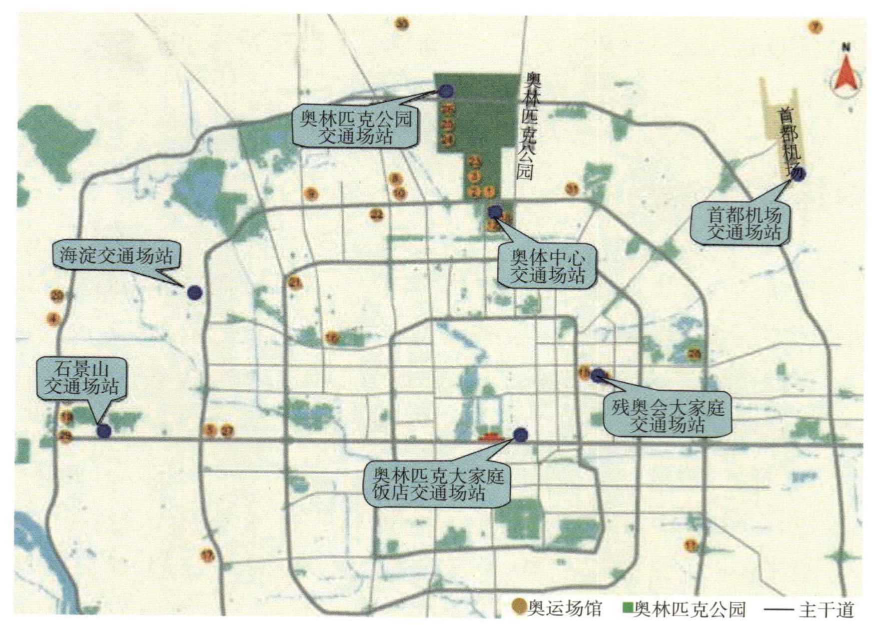

图5-2　奥运会交通场站位置分布示意图（来源：北京市交通委路政局）

赛会交通场站的功能是为赛事各交通团队、车队指挥调度、驾驶员进行有效管理提供场所，为上会服务的7000余辆专用车辆提供停放、维护、加油、安全检查的场地，为2万多名交通服务人员（驾驶员、志愿者、管理人员等）提供餐饮、休息等保障。

5.1.2 临时公交场站

在奥运会比赛场馆周边规划建设了19处临时公交场站，其中在奥林匹克公园周边有7处（表5-1、图5-3）。

表5-1 奥运临时公交场站一览表

序号	项目名称	设施位置	场地面积（万m^2）
1	奥运公园1号公交场站	白庙村路西	2.19
2	奥运公园2号公交场站	北辰西路南端	1.49
3	奥运公园3号公交场站	北辰东路西侧	4
4	奥运公园4号公交场站	北辰东路西侧	3
5	奥运公园5号公交场站	奥体中心南	5.27
6	奥运公园6号公交场站	北辰东路与辛店村路交汇东南	1
7	奥运公园7号公交场站	小营路与北苑路交叉口东南角	1.25
8	工人体育馆公交场站	东营房八条西侧	0.6
9	大运村公交场站	大运村停车场	0.57
10	射击馆1号公交场站	场馆东侧停车场	0.3
11	射击馆2号公交场站	福田公墓停车场	1.33
12	老山馆2号公交场站	山地自行车场东	1.42
13	首体公交场站	场馆南侧城中村	0.64
14	五棵松公交场站	朱阁庄	0.7
15	北工大公交场站	工大桥西南角学校建设用地内	0.6
16	农大公交场站	农大体育馆北侧	0.52
17	昌平铁人三项场站	军都度假村南侧	1.52
18	顺义水上公园场站	水上公园东南角	3.29
19	朝阳公园场站	朝阳公园东门	2.37

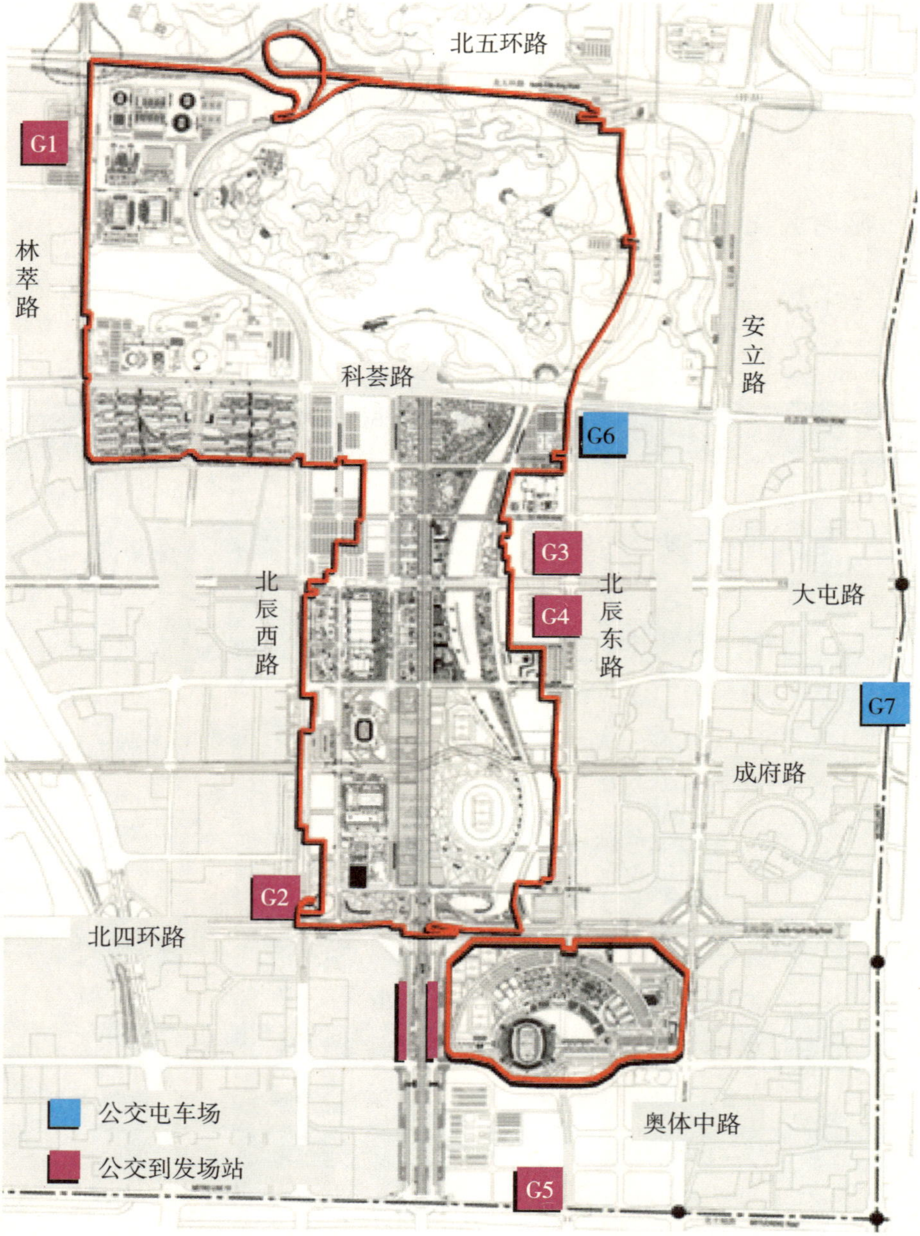

图5-3　奥林匹克公园临时公交场站分布示意图（来源：北京市交通委路政局）

奥林匹克公园公交场站包括：北部公交场站（G1）、西部公交场站（G2）、东部公交场站（G3、G4）、南部公交场站（G5）和备用公交场站（G6、G7）（表 5-2、图 5-4）。

表5-2　奥林匹克公园周边临时公交场站情况一览表

编号	位　置	用地面积（万m^2）	到发车位（个）	停车位（个）
G1	北部	2.2	16	134
G2	西南部	1.49	14	90
G3	东部北侧	4	19	296
G4	东部南侧	3	19	205
G5	南部	5.27	19	368
	中轴路到发车位		36	
G6	科荟路南	1.0		105
G7	北苑路东	1.25		122
合计			123	1 320

图5-4　奥运公园4号公交场站（来源：北京市交通委路政局）

这些临时公交场站，奥运赛时作为34条奥运专线公交、16条残奥专线公交的基地，承担着屯车站、发车站的功能，还为公交司乘人员餐饮、休息、公交车辆维修清洗等提供后勤保障，方便观众、志愿者、工作人员能够顺利到达比赛现场；同时奥运公园周边的临时公交场站也为奥运会、残奥会的开闭幕式提供了大型车辆的停车位置，为开闭幕式的演员、部分贵宾、团体观众便利到达国家体育场提供了有利的条件。

5.1.3 临时公交场站建设过程

2006年初，北京交通部门组织编制了《奥运公园赛时公交场站规划》和《外围奥运场馆赛时用地方案（公交场站）》；2006年10月，北京交通部门组织编制了《奥运公交临时场站建设标准》，并通过专家评审。

自2006年10月进入方案设计以及办理项目前期手续阶段；2007年10月全面完成前期工作；2007年12月11日完成招标工作；2008年春天开始，临时公交场站建设全面实施，到2008年7月临时场站各项工作全面完成，移交公交集团。

5.2 场馆周边交通标志标识

交通标志标识作为为运动员、技术官员等奥林匹克大家庭成员和观众提供准确、便利的道路交通引导服务的临时设施，是奥运交通设施的一个重要组成部分。奥运交通标志标识分为城市道路标志标识、场馆交通标志标识、场馆外围交通标志标识以及奥林匹克专用道标识等。

城市道路标志标识指引连接所有竞赛场馆、非竞赛场馆、独立训练场馆、签约酒店、定点医院和交通场站等奥运会残奥会涉及场所。场馆交通指路标识为场馆交通运行的车辆、人员提供准确、清晰、快捷、方便的交通引导服务，是保障奥运会、残奥会赛时场馆安保封闭线内车流、人流有序、安全运行的基础。场馆外围交通标志标识包括从枢纽、临时交通场站、地铁公交站至场馆的指路标识以及从场馆至枢纽、临时交通场站、地铁公交站等的疏散标志标识。奥林匹克专用道标识是沿奥林匹克专用道布设的专用标记、标线。

交通标志标识按照“统一规划、统一设计、分别实施”的原则进行布设，城市道路标志标识、奥林匹克专用道标识和场馆外围标志标识由北京市政府负责，场馆交通标志标识由奥组委负责。早在2007年“好运北京”测试赛时，奥组委和北京市有关部门就在奥运公园、顺义水上公园等场馆围进行了设置标志标识的工作示范，为奥运会残奥会运行设置交通标识积累经验（图5-5、图5-6）。

图5-5　“好运北京”测试赛交通标识（来源：北京市交通委路政局）

图5-6　残奥会交通标识（来源：北京市交通委路政局）

奥运会残奥会筹办期间，在31处奥运比赛场馆周边设置690面公共交通引导标志标牌，在公交、地铁、出租汽车、省际长途、停车等行业实施了标识规范工作，安装导向、安全提示、确认指示等各类标识71.5万块，施划交通标线5 800km，增设交通标志2.4万面、护栏104.3km、信号灯210处。

5.3 无障碍设施建设

无障碍设施是残疾人、老年人等特殊群体参与社会生活的必要条件，是社会文明的重要标志。为切实做好残奥会道路保障工作，根据以人为本、科学发展的要求，2008年北京交通部门对奥运重点市管道路进行了无障碍设施改造。按照陆续颁布的无障碍改造标准，以路口坡化、天桥及通道无障碍连接、地铁出入口、公交站台与市管道路无障碍的衔接为重点对无障碍设施进行完善（图5–7、图5–8）。

图5–7　残疾人车位（来源：北京市交通委路政局）

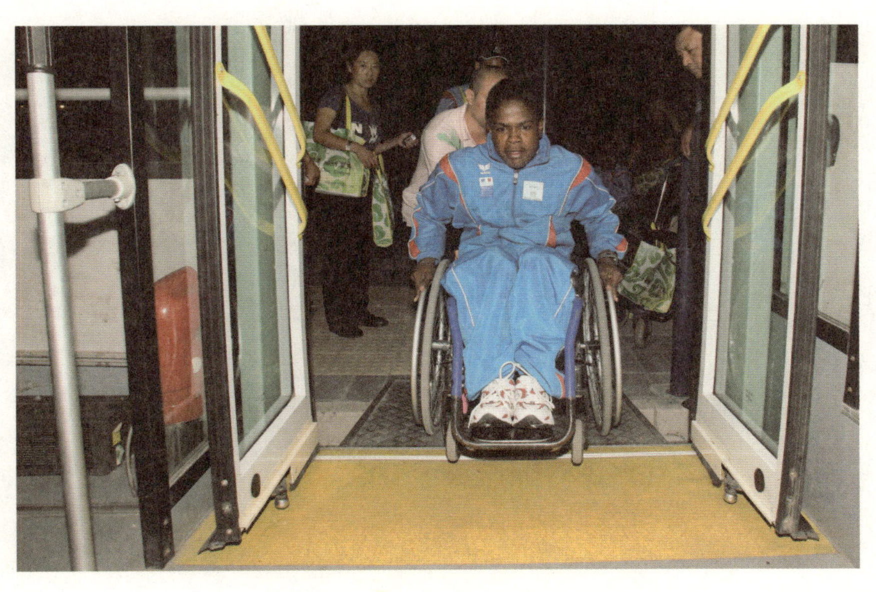

图5-8　公交无障碍（来源：公交集团）

对残奥会比赛场馆和训练场馆周边的 31 条市管道路无障碍设施进行了改造及完善；完成了残奥会涉及的 111 条主要道路、63 座天桥、58 座通道的无障碍整修和改造。

完成了 21 处旅游景点、商业区周边道路无障碍设施的改造和完善（图 5-9）。

a）

b）

图5-9　城市道路无障碍改造（来源：北京市交通委路政局）
a）改造前；b）改造后

完成了 880 条、1 541.3km 的城市盲道建设，盲道里程占城市道路总里程的 25%。

完成了 34 条公交线路中的 318 处站台无障碍设施改造，完成对地铁 1 号线、2 号线、13 号线、八通线 64 个车站 183 个出入口无障碍设施与道路无障碍设施的衔接工作（图 5-10、图 5-11）。

a)　　　　　　　　b)

图5-10　城市道路人行步道无障碍改造（来源：北京市交通委路政局）

a）改造前；b）改造后

a)　　　　　　　　b)

图5-11　人行步道无障碍整修（来源：北京市交通委路政局）

a）整修前；b）整修后

6 交通设施养护

北京奥运交通保障工作能取得圆满成功，离不开奥运交通设施养护保障工作的全面落实到位。交通基础设施养护是城市交通正常运行的重要保障。奥运会期间，北京交通养护系统夜以继日的全时保障，为各项奥运赛事、火炬传递等活动提供了安全、舒适、优美的通行环境，也为奥运的成功举办提供了安全优质的交通设施保障。

6.1 地铁1号线和2号线消隐改造

6.1.1 基本情况

北京地铁 1 号线和 2 号线通车运营时间已经超过 30 年，既有设备设施日渐老化、陈旧，安全隐患日益突出，为确保地铁安全运营，为奥运会提供可靠的交通保障，从 2004 年开始着手启动地铁 1 号线、2 号线消隐改造工程和自动售检票（AFC）系统改造工程。

工程共计 64 个大项、186 个子项，主要包括车辆（车辆段）、线路、通信、信号、供电、机电六大专业系统，改造范围涉及地铁 1 号线部分线路及 2 号线全线，共计 43km、32 个车站，以及古城、太平湖两个车辆段。

地铁 1 号线、2 号线消隐改造工程消除了地铁车辆、设备及轨道系统存在的安全隐患，提高了车辆、设备运行的稳定性和可靠性，为地铁安全运营提供了保障，也提高了地铁设备系统的自动化管理水平、地铁运输能力，提升了地铁运输服务质量。

6.1.2 AFC系统土建改造工程

地铁 AFC 系统土建改造工程共涉及古城、八角、八宝山、复兴门、北京站、建国门、苹果园7座车站，除古城站实施扩建站台、站厅、出入口外，其余6座车站均实施扩建地面出入口工程。

古城站是土建改造工程的重要节点工程。原古城路车站结构为钢筋混凝土框架形式，车站采取明挖施工方法，车站全长约169m，宽约19.4m，其中车站中部为单层双跨结构，东西两端端头厅为两层4跨结构，西端变电所局部为三层结构，车站设四个出入口及一个风道。

本次改造主要内容为：在车站两侧外扩；新建南北两个售检票厅；废除原车站出入口，新建四个车站出入口。由于原古城站位于长安街延长线下，新旧结构连接必须占用长安街两侧部分路面，原车站上长安街中部保留一个梯形截面路段，此段支护采用土钉墙支护。由于该工程采用明挖施工，其余侧基坑由于现场无放坡条件，在新建站台两端及售检票厅及距地面5m以下出入口外侧深基坑处采用灌注桩加锚杆进行护坡，在距地面5m以上新建出入口处采用土钉墙支护（图6-1）。

图6-1　古城站基坑施工现场（来源：地铁运营公司）

6.1.2.1　工程实施难点

（1）地面设备设施、地下管线拆改移难度大。古城站位于西长安街延长线上，是石景山区繁华街区，地铁口周边路面分布有大中型商业设施、公交站点、各种社会服务设施邮局、报亭、自行车存车处、机动车停车场、广告、市政设施、绿化、交通设施、住宅小区等十多家产权单位，地下有上下水、路灯、供电、通信、有线等二十余家管线单位，这些地上地下设备设施均在施工范围内，并需要在一定的期限全部改移出施工区域才能进行主体工程基础作业施工。

（2）基坑开挖及结构施工对既有结构存在巨大的风险。古城地铁车站是侧式站台车站，需要在原结构南北两侧进行明挖深基坑施工。明挖基坑最深 12.6m，土方开挖对中间原车站结构卸载和结构施工对原车站结构加载，要避免中间原车站结构受偏载影响发生变形。如果施工不当，在卸载和加载不均匀情况下，一旦出现车站结构扭曲变形，就会影响到铁轨变形，造成地铁停运（图 6–2）。

图6–2　古城站施工现场架设钢筋（来源：地铁运营公司）

（3）施工对长安街路基边坡有较大影响。古城车站中心线与长安街中心线基本重合，明挖基坑需占用长安街车道，必须进行交通导改（图 6–3）。交通导改后，原道路中间 5 条机动车道和两条自行车道，变为道路中间仅宽 11m、留 3 条机动车道，机动车道边离基坑边缘最小距离 1m，已超过 1.5m 的安全距离。且原设计只考虑 2 条车道，原车站顶至路面 3.9m 高（其中起爆层 800 毫米厚），路基边坡坡角为 85°，路基边坡的锚喷支护（一层 Φ10@150 × 150mm 钢筋网片和两排注浆锚管 @1500mm）不能满足三车道重载要求，须慎重考虑路基加固问题。在车流量不断变化的情况下，中央路基上过往的车辆对长安街中央保留路基的压力更为密集，对路基及边坡稳定造成很大影响。

图6-3　古城站施工交通导改（来源：北京市交通委路政局）

（4）售检票厅结构底梁尺寸大、钢筋量大、施工难度大。售检票厅东西向长23m，南北长17.53m，底板厚1m。钢筋量大、预埋件多且密集，重量也大，保证钢筋安装质量是个难点。售检票厅顶板厚1.1m，顶梁23.3×2.4×1.5m。顶板及其梁是大体积混凝土构件，须一次浇注完成。大体积混凝土工程施工是个技术难点（图6-4）。

图6-4　古城站施工现场浇注（来源：北京市交通委路政局）

（5）运营地铁车站侧墙开洞施工，安全风险大。古城站高峰期站内外客流较大，应注意施工中与客运组织的配合，尤其在车站内开洞施工，更应积极配合地铁客运公司对客流的疏导工作。同时考虑防止破除混凝土的噪声污染和粉尘污染及选择适宜的机具进行破除混凝土施工。在地铁运营车站内施工，必须加强风险意识，既要安全施工，又要保证地铁安全运营不受施工影响。

（6）防水质量要求高。地铁车站防水等级为一级，不允许渗水，结构表面无湿渍。古城地铁站扩建主体结构防水以防为主，多道防线，刚柔结合，因地制宜，综合治理。结构防水设计为确立钢筋混凝土结构自防水体系，即以结构自防水为根本，以变形缝、施工缝等为重点，附以附加防水层加强防水（图 6-5）。该工程施工分步多，结构各个施工缝的施作必须严格要求，否则极易形成质量隐患，影响工程质量。在新旧结构顶板和底板处存在新、旧两种防水材料搭接，如何确保防水施工质量是个技术难点。

图6-5　古城站施工现场铺设防水层（来源：地铁运营公司）

6.1.2.2　工程技术创新点

设计思路大胆创新，在确保安全的前提下，要保证工期最短，经济最合理，不中断运营。通过对既有车站的详细调研，提出保证人防等级不降低的对策和思路。采用各种先进的设备、设施等作为支撑，稳定、完善车站设计方案。

（1）采用两侧基坑同步施工，进行地表沉降、原有结构变形的监控量测。通过信息化管理，制订可靠的控制指标和监测方案，保证运营安全和效率，保证基坑开挖和施工过程的安全质量可控（图 6-6、图 6-7）。

图6-6　古城站施工现场两侧同步施工图（来源：地铁运营公司）

图6-7　古城站施工现场图（来源：地铁运营公司）

（2）以强支护拉锚，防坍塌为原则。根据现场实际情况、设计方提供的相关设计和多年来的施工经验，采用花管注水泥浆施工方案，将水泥浆通过压浆泵、灌浆管均匀地注入土体中，以填充、渗透和挤密等方式，驱走土体裂隙中或土颗粒间的水分和气体，并填充其位置，硬化后将岩土胶凝成一个整体，形成一个强度大、压缩性低、抗渗性高和稳定性良好的新的岩土体，从而使该工程形成的“孤岛”得到加固。

防止大体积混凝土工程产生裂缝的措施包括降低水化热和变形，混凝土配比设计与优选，降低混凝土温度差，加强施工中的温度控制，改善约束条件，消减温度应力，提高混凝土的极限拉伸强度等。

（3）通过运营组织和原车站结构安全、人防等级综合核算，确定开洞位置和数量。对原结构侧墙大面积采用静力排孔水钻工具，采用金刚石钻孔新技术对侧墙混凝土结构进行无损切割。车站内各洞口采用统一美观的围挡，确保安全文明绿色施工。由于在原有结构上开洞，对原结构的受力体系有较大的破坏，同时不时有车辆等动荷载对长安街的影响，因此在开洞时既要不破坏现有结构的受力体系，同时不能因为过于谨慎而影响工期。通过试验洞的摸索，并根据实际开洞后结构情况的力学计算和现场多点位的监控量测，原有结构未发生任何变形和结构破坏，为后续多洞同开施工提供了宝贵的施工数据。这项技术措施的改进，大幅缩短了开洞工期。

采用刚柔结合的多道防水防线，混凝土刚性防水外加自粘防水卷材作为附加层和两层 SBS 防水卷材，保证了新旧结构防水施工质量不渗不漏。

6.1.3 地铁全线恢复性装修工程

地铁 1 号线、2 号线恢复性装修工程是在 AFC 土建改造工程基础上对地铁车站进行综合整修工程，工程内容分为车站站内环境整治装饰工程、车站恢复性装修、卫生间整治、奥运室外环境整治装饰工程、增设 SERVICE+ 系统、08 奥运典型站增加装修标准项目六大项，具体到车站主要是对站台、站厅没有吊顶的地方进行吊顶，对原有吊顶进行清洗粉刷，对墙面、地面进行清洗修补，对车站通道进行清洗粉刷，对车站卫生间进行装修，对车站外风亭进行整治，对奥运场馆周边的重点车站进行更进一步的装修，在保持地铁车站原建筑风格的基础上给乘客提供一个崭新的乘车环境。2008 年 6 月份完成全部工程装修，地铁 1 号线、2 号线各车站整洁明亮，新设置的服务中心系统更好的为乘客服务，满足奥运保障需求（图 6-8 ~图 6-11）。

a）

b）

图6-8 地铁站内侧墙整治前后对比（来源：地铁运营公司）
a）整治前；b）整治后

a）

b）

图6-9 护网整治前后对比（来源：地铁运营公司）
a）整治前；b）整治后

a）

b）

图6-10 车站钢结构整治前后对比（来源：地铁运营公司）
a）整治前；b）整治后

a）

b）

图6-11　车站内地面整治前后对比（来源：地铁运营公司）
a）整治前；b）整治后

6.1.4　结构渗漏治理工程

北京地铁 2 号线安定门站是一座东西走向地下车站，北侧紧邻护城河，车站内共有六道变形缝，区间一道变形缝，东集散厅房间、顶板、侧墙与道床交接部位，存在滴水渗漏现象。经过严格的施工组织，并采用地下结构防水的新工艺，车站渗漏洇水现象大幅改观，改善了乘车环境，解决了安全隐患（图 6-12 ~ 图 6-17）。

图6-12　安定门车站内渗漏情况（一）
（来源：地铁运营公司）

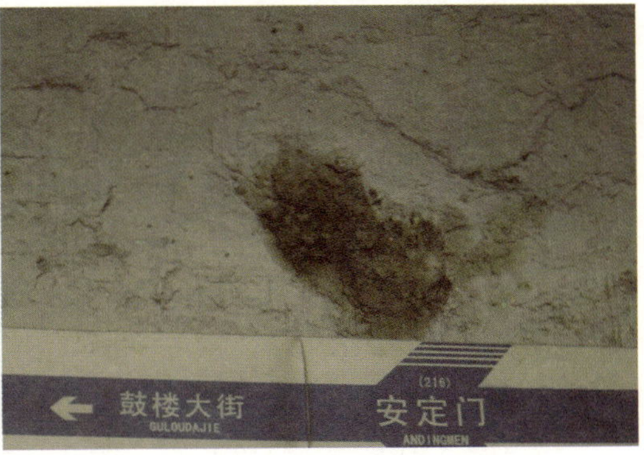

图6-13　安定门车站内渗漏情况（二）
（来源：地铁运营公司）

图6-14　治理车站内渗漏施工（一）
（来源：地铁运营公司）

图6-15　治理车站内渗漏施工（二）
（来源：地铁运营公司）

图6-16　车站内渗漏改造后（一）
（来源：地铁运营公司）

图6-17　车站内渗漏改造后（二）
（来源：地铁运营公司）

在确保地铁运营安全及施工安全的前提下，变形缝渗漏治理遵循“以防为主、堵嵌结合、多道防线、刚柔结合、因地制宜、综合治理”的原则。选择材料或确认施工工艺都必须满足变形缝两端结构产生差异沉降及纵向伸缩时对密封防水、防腐和耐久性的要求。施工缝、结构裂缝渗漏水应遵循“堵防结合、以防为主、结构补强、综合治理”的原则进行整治。洇水、泛水面渗漏治理需遵循“以堵防为主，必要时辅助限量排放，刚柔结合”的原则进行整治。充分考虑到对漏水量较大的部位封堵后，可能出现新增漏水点的风险，并制订相应的对策。

该工程变形缝渗漏是治理的重点，也是最大的难点。地下工程变形缝渗漏治理方案较多，应用材料品种也多，因此施工方案及材料的选择至关重要。变形缝注浆采用的浆液材料为RF浆液，是防水堵漏专用的丙烯酸类材料，该材料通过专用高压注浆泵能将浆液输送到混凝土中的空隙中，填塞空隙，在遇水时膨胀达到防水目的，材料不与结构黏结，即使结构有微小位移，不影响防水效果，能适应结构的位移变形。

此外，该材料施工方便，且浆液凝结后为无色的胶体，不影响整体结构的美观。图6-18、图6-19是桥梁顶升施工作业过程。

图6-18　桥梁顶升施工组作业（一）
（来源：地铁运营公司）

图6-19　桥梁顶升施工组作业（二）
（来源：地铁运营公司）

渗漏水治理要求精心细致，严格按操作规程施工，任何微小失误都可能导致防水工程失败。沿缝两侧250mm宽范围内的装饰层必须拆除并进行基层处理，直至混凝土新面层。对缝表面用速凝砂浆进行封闭，防止高压注浆时浆液不能在密闭空间内流动，从而处于一种自流状态，浆液无法渗入到止水带附近不密实的混凝土中，达不到高压注浆的目的。沿缝环向，两侧距缝中180mm位置，以约60°角向结构中心钻孔，孔深为结构厚度1/3，且需与变形缝相交。孔间距为300 ~ 500mm装好注浆嘴，沿变形缝两侧布孔由低到高、由下而上、从少水到多渗漏水位置通过注浆嘴开始泵入特种RF浆液。

RF注浆操作有一定的技术要求。变形缝表面需要封闭，且速凝砂浆达到一定的强度。注浆前要检查浆液的凝结时间，若漏水量和漏水压力较大，需添加速凝剂加快凝结时间。注浆需从变形缝的底部开始，并依次自下向上，由少水向多水方向；水平变形缝，需从一端向另一端依次注浆。注浆前应对注浆系统全面细致地检查一遍，注浆阀、管及压力表等器件的接头部位是否牢固？轧头是否拧紧？否则会引起爆管或串浆事故。注浆时应该从最低压力开始，严密注视压力、流量、时间等参数，并使用合理注浆压力；对有些吃浆量大的部位需采用间歇注浆的方法，以保证浆液的饱满。每个注浆孔注浆结束的控制标准为浆液从变形缝的表面渗出，即可进行下一孔的注浆。沿变形缝环向，剔凿缝两侧混凝土保护层40mm，深50mm，形成40×50mm梯形槽，槽底部及两侧剔凿位置均涂刷多道优质水泥基渗透结晶型防水材料，厚1 ~ 2mm内向外分层聚硫密封膏，嵌缝要求嵌填致密，并在密封膏中嵌填膨胀止水条，对拆除的装饰层、凿除的面层恢复原状。

6.2 城市道路养护

6.2.1 市管城市道路大修

6.2.1.1 基本情况

为改善城市道路的基本状况，提高道路的工程质量和使用性能，从2005年至2007年，北京交通部门从交通安全、人文环境、道路景观、服务功能等方面，对二环路、三环路等市管城市道路进行大规模养护维修，共完成179条道路、总长405.8km、面积929万m^2的大修任务，为2008年北京奥运会打造了良好的交通设施环境（图6-20 ~图6-22）。

a）

b）

图6-20 城市道路大修前后对比（一）（来源：北京市交通委路政局）
a）大修前；b）大修后

a）

b）

图6-21 城市道路大修前后对比（二）（来源：北京市交通委路政局）
a）大修前；b）大修后

a）

b）

图6-22　城市道路大修前后对比（三）（来源：北京市交通委路政局）

a）大修前；b）大修后

6.2.1.2　大修工程实施特点

（1）规范管理，精心施工。严格执行项目招投标制、施工监理制、项目经理制。建立完善的以建设单位、监理单位、施工单位组成的管理体系，确保施工安全和工程质量。严格遵守城市道路大修有关规定和规范及技术标准，遵循施工管理程序，从开工申请到各项原材料和混合料的审批、施工过程管理、现场检查、检测、资料的检查、工程验收等各环节进行规范管理。

（2）结合实际，综合治理。道路的病害主要有线裂、网裂、碎裂、沉陷、车辙等。针对不同的病害采取不同的对策解决问题，在此基础上对道路进行综合治理，提高道路综合服务水平。通过大修提高路面的平整度，增加行车的舒适性。通过对路口的改造，提高道路的通行能力。完善排水系统和增加排水设施，改善现有路况和整体景观。对各种检查井周围采取新工艺处理，改变道路路容路貌。

（3）推广新材料新工艺。在道路大修过程中，推广使用新材料、新工艺。采用双快混凝土和自流平混凝土的新材料，能在最短的时间内达到通车要求的强度，保证交通正常运行。使用 PR.PLASTS 抗车辙剂的沥青混合料，解决路口和公交车站处的壅包、车辙问题。道路大修过程中，采用挤压路缘石，防止盐性融雪剂对路缘石的侵蚀。人行步道砖采用透水砖，具有雨水回收、改善生态环境的作用。

（4）深入研究，创新发展。路口、公交车站的车辙问题严重影响行车安全性和舒适性，抗车辙的研究也是全国重点科研课题。在城市道路大修中，从两方面对道路车辙进行了研究。一方面解决抗车辙剂掺量的问题，通过多次试验来确定各稳定度的恰当的抗车辙剂掺量；另一方面在不掺抗车辙剂的情况下，通过改善沥青的性能和改变油石比和矿料级配来解决车辙问题。

6.2.2 奥运赛道整治

为保障火炬传递路线、自行车赛、马拉松赛线路涉及交通设施完好，交通部门安排城市道路中修工程52项，车辙、拥包治理专项工程25项，步道及无障碍设施整修工程26项，检查井治理2836座。对和平里西街实施了新改建工程，对樱花园西街、安定路等5条道路和安慧桥、健翔桥进行了大修，共修复道路面积126万m^2，专项治理检查井1038个，出入口改造加宽3处。涉及城市道路的赛道标准全部达到或超过了各赛事团队提出的指标要求（图6-23、图6-24）。

图6-23 火炬路线保障（来源：北京市交通委路政局）

图6-24 奥运自行车赛道绿化（来源：北京市交通委路政局）

6.2.3　城市桥梁粉刷

实施了城市桥梁粉刷工程，2005 年至 2007 年，共计粉刷立交桥 241 座 430 万 m^2、跨河桥 23 座 3 万 m^2、过街天桥 211 座 28 万 m^2，总计粉刷 475 座 461 万 m^2。特别对四环路以内（含四环路）的奥运场馆沿线道路的立交桥、跨河桥和人行过街天桥进行了粉饰（图 6-25、图 6-26）。

图6-25　粉刷后的桥梁（一）
（来源：北京市交通委路政局）

图6-26　粉刷后的桥梁（二）
（来源：北京市交通委路政局）

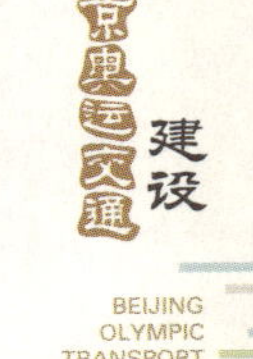

6.2.4　区管道路大中修

在完成市管道路大修的同时，交通路政部门积极协调城八区政府，加快实施城八区区管奥运道路大中修工程。从 2005 年至 2008 年，北京城八区实施区管奥运道路大中修工程共计 434 项，总面积 379.3 万 m^2，长度 267.6km，总投资 7.22 亿元人民币（其中市级财政补贴 2.02 亿元人民币）。全市区管道路中，一类道路完好率达到 95% 以上，二类道路完好率达到 90% 以上，三类道路完好率达到 80% 以上，道路养护状况指标达到预期要求，确保场馆所在地的区管道路满足奥运交通运行需求。

6.3　公路养护

6.3.1　基本情况

奥运赛时，涉及公路的赛事主要是火炬传递、自行车赛和昌平十三陵的铁人三项比赛。火炬传递路线保障项目共完成路面大中修工程 97 万 m^2，修补路面 14.6 万 m^2，更新绿地、摆花 1.2 万 m^2，刷洗更新各类交通设施、标志 2.2 万面，为奥运火炬在北京的传递、转运创造了整洁、优美的路况环境（图 6–27、图 6–28）。

图6–27　自行车赛道（一）

（来源：北京市交通委路政局）

图6–28　自行车赛道（二）

（来源：北京市交通委路政局）

自行车赛道保障项目共投入资金约 1.45 亿元人民币，完成八达岭路隧道照明工程、八达岭路大修工程、八达岭路桥涵改造工程、奥运会公路自行车比赛综合整治工程、八达岭路绿化改造工程、八达岭路重点桥梁安装泄水管工程、中央隔离带开口工程、八达岭路出京（K46 ~ K59）路面罩面工程、八达岭路二期进京山体落石防护工程等。实施了赛道生态绿化及补植、绿化完善、修复等工程共计 4 项道路绿化美化工程。共栽植苗木 1.8 万株、花卉 1.28 万 m^2，铺种草坪、色带 8 268m^2，硬化路肩 1.67 万 m^2，绿化面积达 6.07 万 m^2。修剪各类苗木 19.14 万株，修剪花卉、色带及草坪共 16 万 m^2。经过绿化美化整治的奥运会公路自行车赛赛道被国际自行车联盟官员誉为“奥运会历史上最美的一条自行车比赛路线”。

6.3.2　实施情况

奥运会前，对公路路面及附属设施进行了维修完善。铣刨刨理、修补路面 4 万余平方米，处理病害 3.08 万 m^2，灌缝 11km，对全线井盖、水篦子基础进行了处理，更换处理下沉井盖 209 座，修复路缘石 6 320m，步道砖 6 289m^2、大方砖 2 277m、坡角砖 956m，更换水箅子 86 套，增设示警桩 52 根，安装防撞墩 16 块，对赛道沿线 43 座雨水井进行清掏，安装铁护网 3 105m，安装生态砖 198m^2。绿化方面种植花卉 44 300 株、播种地被植物 4 500m^2、恢复色带共种植苗木 2 900 株。更换损坏钢板护栏 240m，完成仿木钢板护栏装饰 1 132m，新增单悬式交通标志 2 套，修复撞坏仿木钢板护栏装饰 480m。

考虑奥运会公路自行车赛举行期间，正值北京雨季汛期，为解决道路积水问题，最大限度地为运动员比赛提供安全的行车环境，北京交通部门高度重视道路易积水点段处理工作，着手进行了排查和设计工作，赛前共完成易积水点段处理 15 处，使沙河街等处积水问题得到了很好的解决。

6.4 一般公路养护

6.4.1 公路养护

公路养护工作的好坏，直接关系到公路的使用寿命和服务水平，北京交通部门一直按照“建养并重”的原则，加强日常养护工作，提高公路路况质量。

奥运筹备的几年间，全年共完成国道 101 线、南雁路、京沈路、通顺路、京加路等路面大中修工程 90 项、837km；完成国道 111 线、国道 110 辅线等综合整治工程 89 项 954km；完善交通标线 1 577km。凭借优质的养护管理工作，在 2005 年全国干线公路养护检查评比中，北京市取得了公路养护水平在全国名列前茅，在京、津、沪、渝四个直辖市中名列第一的好成绩。

6.4.2 公路桥梁保障

奥运会前期，制订了具体的桥梁养护管理保障工作方案，制订了桥梁突发事件应急预案，将桥梁养护任务分解落实到路段、桥梁，责任到人，建立了完整有效的保障体制。检测普通公路桥梁、隧道 1 701 座，抢修加固 16 项。

奥运会期间，加大各类桥梁的巡查频率：率四五类桥梁每天巡查一次，三类桥梁每 2 天巡查一次，一二类桥梁每周巡查一次。对于奥运期间货车绕行路线上的桥梁也同时采取安全保障措施。

6.4.3 公路绿化工程

为贯彻“绿色奥运”理念，从 2002 年春季开始实施北京市公路绿色通道工程建设，公路绿化投入逐年增加，到奥运会前，公路绿化投资总计达到 2 .87 亿元人民币，绿化里程 6 000 余 km。共栽植各类乔灌木 941 万株，草坪 89 万 m^2。2004 年开始，实施北京市山区公路“安保工程”，本着“因地制宜、景观兼顾”的原则，在 G109、G108、南雁路、110 副线等干线公路上，除了体现“主动引导、突出重点、适度防护、全时保障”的设计思路，更注重公路景观的效果，达到人、车、路、环境的协调。高速公路两侧初步形成了浓密繁茂的绿色屏障，达到了降低噪声、减少污染的效果，县以上公路中可绿化路段全部实现绿化，绿化覆盖率达到99.2%。基本形成了以乔木为主体绿化树种，以草坪为衬托，以色、叶、形各类灌木、花卉点缀，层次丰富、品种多样、结构立体化的绿色走廊。

6.4.4 标志标识改造

为提高北京市公路的服务水平，加强公路指路标志的标准化、规范化、系统化，形成等级匹配、清晰明确的交通指路标志体系，2006 年到 2008 年公路指路标志改造投资 1.2 亿元人民币，对全部 5 700 多公里的国省县公路标志进行改造。

“预告—告知—确认”三级指路信息发布方式，使指路信息发布方式符合驾驶员的实际信息需求。在指路标志信息选取中，非常注重旅游景点及行车路线的指示，为国内外旅游者提供了良好的服务。

颁布地方标准《公共场所双语标识英文译法》，各行业均按此标准对自我管辖的公共场所标识中的英文信息，进行规范化整治，并开展了规范公共场所英语标识专项整治工作。

图索引

北京奥运交通
建设
BEIJING
OLYMPIC
TRANSPORT
CONSTRUCTION

表索引

后　记

《北京奥运交通丛书》在有关单位的鼎力配合下，终于付梓印刷了，北京市交通委员会和北京交通发展研究中心在组织丛书的编著过程中，得到了北京市交通委员会路政局、北京市交通委员会运输管理局、北京市交通执法总队、北京公交集团、北京市地铁运营公司、北京市轨道交通建设公司、北京市基础设施投资公司、北京市首都公路发展集团、北京市公联公路联络线公司、北京市市政路桥集团、北京祥龙公司、北京市轨道交通指挥中心、北京市公安局公安交通管理局、原北京奥组委交通部等单位有关负责同志、专家学者和工作人员的大力支持。

刘小明、王兆荣、全永燊、郭继孚、郭卫亮、孙壮志等同志对丛书的架构和内容设计付出了辛勤的劳动。

张长荣、郭卫亮、张奋搏、冯陶等同志对本书编写做了大量的工作，庄建华、陈伏虎、杜文龙、周凌、许焱、侯小明、周宏亮、沈志强、刘鲁未、杨帆、赵桂芳、邢文耐、郑国富、申海慧、李永胜、于跃波、张东旭、闫亚丽、赵连山、吴宝华、徐会杰、王洪光、李峰、许力行、李波、黄崑、刘宏峰等同志提供了大量的资料或参加了编写工作。

北京市交通委员会、北京市交通委员会路政局、北京市交通委员会运输管理局、北京交通发展研究中心、北京公交集团、北京市轨道交通建设公司、北京市地铁运营公司、北京祥龙公司和柏诚（北京）公司等单位也为本书提供了宝贵的资料。

在此，对参与编写工作的各单位和各位同志付出的辛勤劳动表示衷心的感谢！

本书的出版得到了人民交通出版社戴慧莉编辑的帮助，她认真负责的工作态度与高水平的编辑能力，为本书增色很多，在此一并表示感谢！

《北京奥运交通丛书》编著委员会

2010 年 2 月